U0062198

拜占庭帝国

延续千年荣耀的东罗马帝国

BYZANTINE EMPIRE

[英]爱丽丝·巴尔内斯·布朗

编著

———————

任九菊

译

中国画报出版社·北京

图书在版编目（CIP）数据

拜占庭帝国 /（英）爱丽丝·巴尔内斯·布朗编著；
任九菊译. -- 北京 : 中国画报出版社, 2023.11
　（萤火虫书系）
　书名原文: All Abouyt History: The Byzantine
EmpiRE
　ISBN 978-7-5146-2298-0

　Ⅰ. ①拜… Ⅱ. ①爱… ②任… Ⅲ. ①拜占庭帝国—
历史 Ⅳ. ①K134

中国国家版本馆CIP数据核字(2023)第193672号

F U T U R E

北京市版权局著作权合同登记号：01-2023-4086

拜占庭帝国

［英］ 爱丽丝·巴尔内斯·布朗 编著　　任九菊　译

出 版 人：方允仲
审　　校：崔学森
责任编辑：李　媛
内文排版：郭廷欢
责任印制：焦　洋

出版发行：中国画报出版社
地　　址：中国北京市海淀区车公庄西路33号　邮　　编：100048
发 行 部：010-88417418　010-68414683（传真）
总编室兼传真：010-88417359　版权部：010-88417359

开　　本：16开（787mm×1092mm）
印　　张：13
字　　数：230千字
版　　次：2023年11月第1版　2023年11月第1次印刷
印　　刷：北京汇瑞嘉合文化发展有限公司
书　　号：ISBN 978-7-5146-2298-0
定　　价：76.00元

欢迎来到

拜占庭帝国

拜占庭帝国以其美丽的建筑、闪耀的珠宝和狂热的宗教信仰而闻名。实际上，拜占庭公民认为自己是罗马人。在西罗马沦陷之后，君士坦丁堡（拜占庭）被视为强大的罗马帝国的新首都。君士坦丁堡辉煌宏大，是一座富裕的罗马城市，但我们对这个在西罗马覆灭后又延续了千年的社会到底了解多少呢？

本书探索了拜占庭帝国的起源及其如何发展壮大并在乱世中安如磐石。你将在此了解君士坦丁堡发展为世界上曾经最富有城市的历程，体会拜占庭最伟大思想家的思想，探索是什么让东正教成为拜占庭帝国信仰的基督教派，并深入了解那些见证拜占庭历史的皇帝和皇后。通过欣赏美丽的马赛克、手工艺品和艺术品的图片，你还会感受到拜占庭帝国曾经的富足。

目　录

拜占庭帝国

揭示世界上曾经最强大的帝国之一在为部冲突和外敌入侵重压下的非凡兴衰。

拜占庭的诞生

希腊殖民者在博斯普鲁斯海峡濒临欧洲的海岸建造了这座城市。它地处欧洲和小亚细亚之间的战略要地，希腊人和波斯人曾多次为它开战。尽管如此，拜占庭依然蓬勃发展。

拜占庭

新罗马

君士坦丁大帝将罗马帝国的首都迁至拜占庭，以加强对东部边境的管理。新首都以他的名字重新命名为君士坦丁堡。

前 657 年 ———————— **330 年**

恢复圣像崇拜

814 年，毁坏圣像运动再次抬头，在米哈伊尔三世的母亲、摄政皇太后狄奥多拉的多番努力下，这一运动被彻底终结。鉴于狄奥多拉在镇压毁坏圣像运动中做出的贡献，她被教会封为圣徒。

神圣罗马帝国

教皇利奥三世加冕查理曼为神圣罗马帝国皇帝，试图重振西罗马帝国。这一举动令东罗马十分不安，感觉政权受到了威胁。

毁坏圣像运动的兴起

皇帝利奥三世颁布的一项在整个帝国范围内禁止崇拜宗教圣像的法令惹恼了支持崇拜圣像的西方教会。该法令在他死后仍然继续执行。

毁坏圣像运动到君士坦丁堡被洗劫期间是拜占庭艺术发展的黄金时代。

843 年 ———————— **800 年** ———————— **726—787 年**

教会大分裂

在双方分歧持续多年后，教会正式分裂为由教皇利奥九世领导的西方罗马天主教会和以君士坦丁堡为基地的希腊东正教会。

洗劫君士坦丁堡

在第四次十字军东征帮助流亡皇帝阿列克修斯四世登上皇位后，他拒绝向十字军支付酬金。愤怒的十字军攻占了君士坦丁堡，在这里建立起新的拉丁帝国。

掠夺

十字军士兵的估计数量
20000 人

洗劫所用的船只数量 **200** 艘

拉丁帝国延续的时间 **57** 年

1054 年 ———————— **1204 年** ———————— **1204**

永久性分裂

皇帝狄奥多西一世死后，他的两个儿子阿卡迪乌斯和霍诺留斯分别继承了罗马帝国的东西部。罗马帝国就此永久分裂。

向匈奴纳贡

为了免受匈奴侵略，拜占庭每年向匈奴支付的黄金数量为

159 千克

433 年阿提拉掌权时，贡赋翻倍增长到 **318** 千克

443 年，在被匈奴大败后，贡赋又增加了两倍达到 **952** 千克

西罗马帝国的衰落

罗慕路斯·奥古斯图卢斯政权被奥多亚克推翻，标志着西罗马帝国的终结。然而，奥多亚克后来臣服于君士坦丁堡，东罗马帝国又延续了1000年。

395 年　　　　**424—443 年**　　　　**476 年**

希腊语盛行

皇帝希拉克略引入希腊语作为治理帝国的官方语言。几十年后，即使是受过良好教育的拜占庭公民，也很少有人会拉丁语了。

查士丁尼大瘟疫

25000000—50000000
整个帝国的估计死亡人数

10000 君士坦丁堡每天的死亡人数

3 黑死病暴发的次数。这是第一次大暴发，随后是第二次和第三次大流行。

尼卡暴动

查士丁尼一世对在赛车竞技中闹事者的严厉惩治和近期税赋的增加，激起了民众的愤怒，引发了为期5天的骚乱，最终导致君士坦丁堡十分之一的人丧生。

当查士丁尼想要逃离首都时，他的妻子拒绝离开，并说服他留了下来。

620 年　　　　**541—542 年**　　　　**532 年**

重掌政权

皇帝米哈伊尔八世成功夺回君士坦丁堡，拉丁皇帝鲍德温二世仓皇而逃。米哈伊尔使破败的首都恢复了往日的辉煌。

内部纷争

约翰五世统治期间，持续的内战严重削弱了帝国的实力，使其面对外敌进攻不堪一击。

君士坦丁堡人口

400000 6 世纪鼠疫暴发前的估计人口数量

70000 13 世纪君士坦丁堡被重新夺回后的人口数量

15 世纪的人口只有 6 世纪的 **10%**

帝国的终结

奥斯曼土耳其人成功占领拜占庭首都后，苏丹穆罕默德二世的军队处死了君士坦丁十一世。这一事件标志着拜占庭帝国的终结。

261 年　　　**1321—1379 年**　　　**1400 年**　　　**1453 年**

关键人物

皇室王朝 *

｜* 数字为在位时间

芝诺
474—475、
476—491

狄奥多西二世
408—450

查士丁尼一世（查士丁尼大帝）
527—565

君士坦丁二世
641—668

雅典的伊琳妮
797—802

虽然芝诺皇帝曾被一位双双短暂摄政罢黜，但也长达17年的统治从根本上巩固了拜占庭帝国的命运走到了尽头。与此同时，西罗马帝国的命运走到了尽头。

查士丁尼二世继位时，由于过度扩张和经济破产，领土丧失。对拜占庭而言皇已经不可避免。而查士丁尼二世因精神失神疾病被摄政王架空，对此无能为力。

查士丁尼二世被军队废黜并篡权致残，因此被称为"割鼻者查士丁"。他在漫长的内战中重获皇位——但最终再次被军队推翻。

狄奥多西王朝
379—457
拜占庭帝国早期的兴盛与罗马统治者面临的困境形成了鲜明的对比。繁荣的经济迫使君士坦丁堡以飞速增高的城墙加强防御，而额外的资金则用于应对潜在入侵者和雇佣蛮族佣兵，其中包括洗劫罗马的匈奴人。

利奥尼德王朝
457—518
利奥一世宣布利奥尼德王朝的第一位皇帝，他在阿斯帕尔（拜占庭军队以以其强大的哥特式将军）的帮助下登上皇位。阿斯帕尔的谋逆通过战持续偏成局势爆发，然而他未能得偿所愿。权力斗争随后爆发，直到471年才以阿斯帕尔的被测造终。利奥尼德皇室继续统治了47年。

查士丁尼王朝
518—610
拜占庭帝国在查士丁尼王朝的统治下进入了第一个黄金时代。查士丁尼一世（通常被称为查士丁尼大帝）致力于通过军事行动重新征服西方，拜占庭帝国的版图在他统治时期达到了顶峰。北非、意大利和西班牙南部都征服于君士坦丁堡的控制之下。

希拉克略王朝
610—717
希拉克略从篡位者福卡斯手中夺取了皇位，开启了一个延续六世君主的新王朝，然而没有一位继任者的统治道路是一帆风顺的。据悉，他们中一位皇帝被自己的妻子毒死，一位被老院发疯，一位死于痢疾，而最后一位皇帝在一场起义中被赶下台。

伊苏里亚王朝
717—802
希拉克略三世皇帝上皇位，结束了拜占庭帝国持续20年的不稳定无政府状态，但新皇帝和他的继任者们必须不断应对来自两个日益强大的力量的军事威胁——新阿拉伯的国教和他的兰兹人。

弗里吉亚王朝
802—813
在短暂的弗里吉亚时代，三位皇帝的政权都极不稳定：第一位皇帝死于战场，他的继任者一年内因在同一场战役中的伤情退位，第三位皇帝面对潜在的叛乱成有恢复。

阿卡狄乌斯
395—408
395年，狄奥多西一世驾崩，之后罗马帝国被他的两个小儿子瓜分，东方拜占庭帝国就此诞生。

利奥一世
457—474

查士丁一世
518—527

伊琳妮妮皇后用武力夺取了她的儿子，夺取了皇位。5年后，她自己也在一场改变中被推翻。这时，被伊苏里亚王朝禁止的圣像崇拜还没有恢复。

希拉克略
610—641

利奥三世
717—741

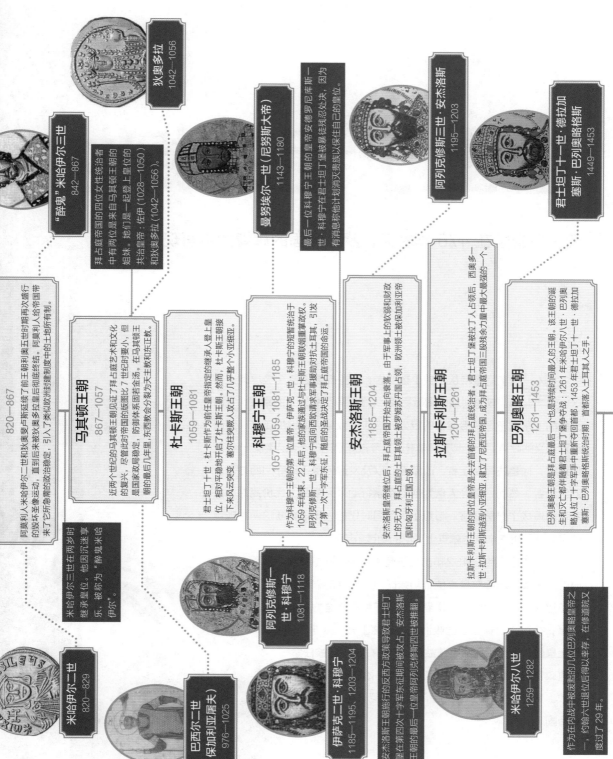

狄奥多拉
1042—1056

"醉鬼"米哈伊尔三世
842—867

拜占庭帝国的四位女性统治者中有两位是来自马其顿王朝的姐妹。她们是一起登上皇位的，共治皇帝：左伊（1028—1050）和狄奥多拉（1042—1056）。

曼努埃尔一世（尼努斯大帝）
1143—1180

阿列克修斯三世 安杰洛斯
1195—1203

最后一位科穆宁王朝的皇帝安德罗尼库斯一世·科穆宁在君士坦丁堡被暴徒处死处死，因为有消息称他计划消灭贵族以保住自己的皇位。

君士坦丁十一世·德拉加塞斯·巴列奥略格斯
1449—1453

阿莫利工朝
820—867

阿莫利人米哈伊尔二世和狄奥多拉双亲卢瑟奥斯延续了前王朝利奥五世时期再次盛行的毁坏圣像运动，直到后来狄奥多拉皇后重新恢复圣像制度终结。阿莫利人给帝国带来了它所需的政治稳定，引入了类似欧洲封建制度中的土地所有制。

米哈伊尔三世在两岁时继承了皇位，他因沉迷享乐，被称为"醉鬼米哈伊尔"。

马其顿王朝
867—1057

近两个世纪的马其顿王朝见证了拜占庭艺术和文化的复兴。尽管此时帝国的版图比7世纪的要小，但是国家政局稳定，防御体系固若金汤。在马其顿王朝的最后几年里，东西教会分裂为天主教和东正教。

杜卡斯王朝
1059—1081

君士坦丁十世·杜卡斯作为前任皇帝指定的继承人登上皇位，相对平稳地开启了杜卡斯王朝。然而，杜卡斯王朝接下来风云突变，塞尔柱突厥人攻占了几乎整个小亚细亚。

科穆宁王朝
1057—1059、1081—1185

作为科穆宁王朝的第一位皇帝，伊萨克一世·科穆宁的短暂统治于1059年结束。22年后，他的家族通过与拜占庭王朝联姻重掌政权。阿列克修斯一世·科穆宁因向西欧请求军事援助对抗土耳其，引发了第一次十字军东征，随后的圣战改变定了拜占庭帝国的命运。

安杰洛斯王朝
1185—1204

安杰洛斯王朝的四位皇帝都以失去首都而统治著称。由于军事上的软弱和腐政上的无力，拜占庭帝国开始走向衰落。安杰洛斯王朝丢失了尼西亚等地，欧洲领土被罗姆苏丹国占领，拜占领土被罗姆苏丹国占据。

拉斯卡利斯王朝
1204—1261

拉斯卡利斯王朝伴随着君士坦丁堡的沦陷而生。拉斯卡利斯逃到小亚细亚，建立了尼西亚帝国，成为拜占庭帝国三股残余力量中最强的一个。

巴列奥略王朝
1261—1453

巴列奥略王朝是拜占庭最后一个也是持续时间最久的王朝。1261年米哈伊尔八世·德拉加塞斯·巴列奥略格斯统治时期，首都落入土耳其人之手。

米哈伊尔二世
820—829

巴西尔二世
（保加利亚屠夫）
976—1025

阿列克修斯一世 科穆宁
1081—1118

伊萨克二世 科穆宁
1185—1195、1203—1204

米哈伊尔八世
1259—1282

作为在位内被废黜的几位巴列奥略皇帝之一，约翰六世退位后得以寿终，在修道院又度过了29年。

查士丁尼的探求

西罗马帝国在 476 年覆灭，罗马帝国的辉煌能否再现？

查士丁尼皇帝从不缺少敬仰者，一些仰慕者甚至极尽阿谀奉承。教皇阿加佩图斯写道："您拥有至高无上的荣耀，统治天国的上帝赋予您统治俗世的权力，您应该教导人们维护正义，驱赶反对正义的呼声。"查士丁尼常常作为拜占庭早期的杰出人物之一被人们铭记：他是法律制定者、改革者，以及发起无畏行动夺回西方领土的统治者。然而，有些人认为他的军事行动毫无意义、代价高昂，并对帝国造成了严重危害。与查士丁尼同时代的人无法判断这两种观点孰是孰非，历史学家也就查士丁尼的功过争论不休。

查士丁尼大约在 482 年出生于陶雷修姆，出身卑微。然而，在此时的拜占庭，想要跻身高位，功绩比出身这样的偶然因素更重要。查士丁尼被他的叔叔查士丁送到君士坦丁堡接受全方位的教育。更幸运的是，在这之后查士丁的政治地位迅速上升，并于 518 年登上皇位。查士丁尼从中获益匪浅，他在 521 年被任命为执政官统领东部军队。527 年，他开始与叔叔共同执政。同年，查士丁去世后，查士丁尼开始独自执掌帝国。

> 查士丁尼出身卑微，但拜占庭帝国的一大特点是功绩比出身更重要。

全面开战

执政初期，查士丁尼就不得不面对可怕的军事挑战。

贝利萨留斯

查士丁尼不是一位亲自冲锋陷阵的皇帝，但他在选择将军上有着出色的直觉

弗拉菲乌斯·贝利萨留斯出生于约500年，是一位传奇人物。早年他在与波斯人的对抗中互有输赢，但在北非战争之后，他声名鹊起。根据传统，凯旋的英雄回到罗马后会接受对他们功绩的盛大庆祝。这样的庆祝活动已经有几个世纪没有举行过了，但皇帝为贝利萨留斯破例。当他阔步走进君士坦丁堡时，人群为队伍欢呼。

在意大利战场取得的早期胜利进一步巩固了贝利萨留斯的声望，但6世纪40年代局势开始向不利于帝国的方向扭转，贝利萨留斯的地位也开始动摇。查士丁尼似乎担心贝利萨留斯的野心，对他名声大噪心怀怨恨。将军被召回帝国接受腐败审判，在被赦免后，低调回归军旅生涯。

据描述，贝利萨留斯性情温和，愿意听取下属建议，对下属非常仁慈。普罗科皮乌斯在书中写道，他命令军队不要焚烧农田，也不要掠夺城市。然而，贝利萨留斯在镇压532年尼卡暴动叛军时所表现出的残暴证明他的同情心是有限的。

▲ 贝利萨留斯被认为是世界上最伟大的军事家之一

然而，这位皇帝不是军人，他通常躲在君士坦丁堡的宫殿里——用历史学家爱德华·吉本的话说，他的特点是"冷酷好战，但拒绝战场上的任何危险"。事实上，这并不足为奇，皇帝们通常都喜欢旁观，但查士丁尼仍是做出关键决定和军事任命的决策者。这位皇帝在很多方面都很幸运。他有大量资源可供支配，他的臣民在大多数情况下，都可以接受将帝国收入的一半用于军事预算。毕竟，在与波斯和巴尔干的边界上建造堡垒以击退潜在入侵者是非常明智的。在这样一个动荡的时代，公众认为从每

> 拜占庭与波斯萨珊帝国达成了"永久和平"协议；然而，和平只持续了约8年。

三十个成年男性中选出一人服兵役是必要的。但这一体系并不完美。在一些远距离征战中，供给链很难维持。且当帝国处于财政困境时，士兵的工资经常延迟发放，这导致不少士兵擅离职守，

令帝国如坐针毡。不过，总的来说，这台军事机器运转得还算不错。

　　据说，查士丁尼继位时，一颗彗星出现在君士坦丁堡上空。人们"惊讶地注视着彗星，预言它的出现会带来战争和灾难"，根据吉本的说法，"这些预言，大部分都应验了。"但事实上，战场上也有胜利。查士丁尼被描述为痴迷于夺回西罗马帝国心脏地带的皇帝，他确实为此耗

▲ 查士丁尼的出生地陶雷修姆遗址

费了大量时间，但在他统治的早期，他似乎并没有特别关注西罗马，他有更紧迫的任务：处理巴尔干半岛的麻烦制造者，以及应对罗马的宿敌——精明强干的霍斯劳一世统治下的波斯萨珊帝国。双方实力旗鼓相当，战斗互有输赢。截至532年，双方都认为进一步冲突是徒劳的，继而达成了"永久和平"协议；然而，和平只持续了约8年。

停战让查士丁尼得以放眼西方。查士丁尼竭尽全力追逐荣耀，不是因为他对旧罗马有着某种压倒一切的责任感，而是因为他想要提升其统治的政治合法性。

北非是冲突的第一个主要战场，这里的战斗在很大程度上是一场独幕剧：查士丁尼很快就取得了惊人的胜利。汪达尔人自439年占领迦太基以来一直统治着该地区，并将势力范围扩大到了科西嘉岛、撒丁岛和巴利阿里群岛。查士丁尼想要进犯，需要一点儿运气，而这一好运在6世纪30年代早期降临了。530年，盖利默推翻了希尔德里克的统治后，该地区政局变得尤为紧张。

拜占庭军队在令敌人闻风丧胆的军事领袖贝利萨留斯的率领下抵达北非海岸线。

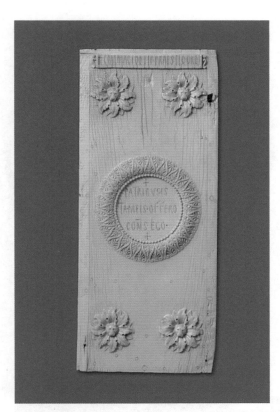

▲ 象牙画是那个时代最伟大的艺术形式之一。这幅画是为了庆祝查士丁尼升任执政官而创作的

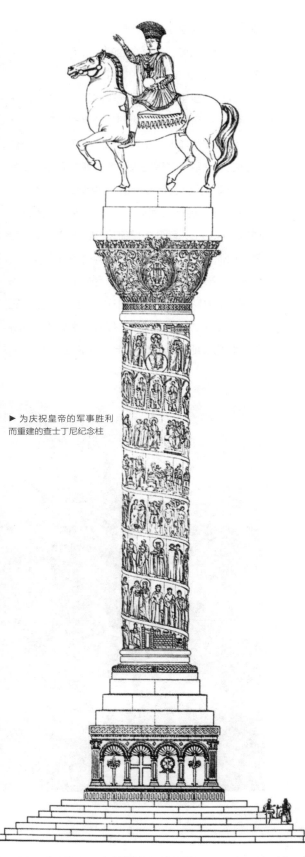

▶ 为庆祝皇帝的军事胜利而重建的查士丁尼纪念柱

之后，的黎波里塔尼亚和撒丁岛的叛乱有效分散了汪达尔军队的注意力，如果查士丁尼想要发动进攻，此时正是绝佳时机。不出所料，令敌军闻风丧胆的军事领袖贝利萨留斯率领由10000名步兵、5000名骑兵和1000名弓箭手组成的军队抵达北非海岸线。汪达尔人的防御不堪一击，533年9月，拜占庭军队轻松攻占迦太基。12月，特里卡马洛战役进一步巩固了拜占庭迅速和几乎全面的胜利。

当地柏柏尔人的抵抗持续了几十年，但查士丁尼首战告捷，预示着好的开始。编年史学家普罗科皮乌斯是贝利萨留斯的顾问，他目睹了这场战争，认为运气在其中发挥了一定作用，他写道："无论这是出于偶然，还是因为勇气，人们都应该为此感到惊叹。"查士丁尼急于把胜利归功于上帝的认可，他恳求他的臣民们"为天意赐予我们的胜利作证"。

此后，查士丁尼的目光转向了更为复杂的军事目标——重新征服意大利，这将成为拜占庭在535年至554年的主要军事任务。正如此前汪达尔人在北非取代了罗马人，奥多亚克则夺取了意大利半岛的控制权。然而，5世纪90年代，奥多亚克被东哥特人西奥多里克击败，形势开始逆转。理论上，西奥多里克是拜占庭的傀儡统治者，但他表现出强烈的独立倾向，令拜占庭忧心忡忡。526年，当他去世时，另一个扩大拜占庭帝国在西方影响力的机会出现了。西奥多里克死后，婴儿阿塔拉里克继位，但真正掌权的是他的母亲阿马拉斯文塔。534年，阿塔拉里克死后，

▲ 萨珊银币上的波斯统治者霍斯劳一世，查士丁尼最顽固的敌人之一

▼ 亚历山大·齐克于19世纪创作的描绘拉克塔里山战役的画作

▲ 拉韦纳圣维塔莱教堂马赛克上的查士丁尼大帝

也就是拉韦纳被收复的那一年，拜占庭的地位似乎已经稳固。哥特国王维提吉斯被俘虏并被押解到君士坦丁堡，只有包括维罗纳在内的少数哥特要塞保留了下来。

一帆风顺的征途很快迎来了疾风骤雨。老对手波斯人分散了拜占庭重新征服西方的注意力。萨珊王朝对拜占庭东部领土发动了一系列大胆而又成功的袭击。540年安条克被攻陷，544年埃德萨被围困。与此同时，一场降临拜占庭的毁灭性瘟疫令人力匮乏成了棘手问题，瘟疫导致的死亡人数无疑是非常高的。

形势对意大利的哥特人极为有利。在托提拉的指挥下，意大利人夺回了拜占庭占领的大部分土地，并相继攻占了罗马和那不勒斯。而拜占庭军队则经历了多次屈辱的失败。在542年的法恩扎战役中，他们弃械而逃。然而，至此战势还未成定局，6世纪50年代早期，拜占庭再次占据上风。554年，在新任军事领袖纳尔吉斯的努力下，拜占庭实现了对意大利的控制。这是一段兵戈扰攘的历史，罗马城的命运是历史的最佳缩影：罗马城于546年落入哥特人之手，547年被拜占庭人夺回，549年再次沦为哥特人的据点，552年最终回归拜占庭帝国。对那些不幸生活在意大利台伯河边的人来说，这些年是一段非同寻常的岁月。

拜占庭帝国在西班牙南部也同样旗开得胜——但这些胜利真的代表了旧时西罗马帝国的复兴吗？这些战争耗费了巨资，使帝国的资源耗损达到了极限。更糟糕的是，拜占庭西部征服所取得的硕果转瞬即逝。查士丁尼死后没多久，意大利就落入了入侵的伦巴第人之手。

阿马拉斯文塔提议狄奥达哈德和她共同执政，但狄奥达哈德忘恩负义，一有机会就杀死了他的恩人。这种暴行给了拜占庭出手干预的完美借口。

贝利萨留斯初战告捷，在535年轻松攻占了西西里岛。几经挫败后，达尔马提亚也落入拜占庭之手。在接下来的5年里，拜占庭军队取得了令人瞩目的胜利：536年攻占那不勒斯和罗马，紧接着又击退了围攻罗马的反击力量。此外，一些不太光彩的行径也被载入史册，例如，拜占庭军队在米兰的屠杀。截至540年，

盛况和声望在古代世界风靡一时，但很少有人像查士丁尼一样沉迷于对华服和权力的展示。

▲ 查士丁尼会见重臣。他的一个成功策略是常把职责委派给更有能力的人

持续内战

对查士丁尼国内政策的评价也毁誉参半。这位皇帝非常注重细节，他的许多改革虽然激起了政治上的不满，但却是非常明智的。改善行省政府运作的政策推行缓慢，因为它会削弱地方权贵的影响力，令他们十分不安。同样，在行政部门提拔人才无疑有利于帝国发展，但那些希望保住国家最高职位的贵族很难支持这一做法。

存在争议的还有查士丁尼的治国方式。盛况和声望在古代世界风靡一时，但很少有人像查士丁尼一样沉迷于对华服和权力的展示。作为一

个专制主义者，他坚持自己的政治观点，即他的
话就是法律。任何削弱他威望的企图他都不能容
忍。他甚至在衣着上做出了严格规定。比如，除
了皇帝之外，任何人"不得用珍珠、祖母绿或风
信子装饰马缰绳、马鞍或腰带"。无视这一规定

的人将被处以约1000镑①黄金的罚款，更糟糕的
是，此人还将被处以死刑。类似的规定也适用于
穿戴帝王紫。查士丁尼还亲自制定了有关基督教
教义的规章制度。在那个时代，关于信仰基本原

---

① 现 1 磅约为 453.59 克。

立法

改革帝国法律法规是查士丁尼最持久的成就

任何名副其实的帝国都得益于条理清晰的法典。奇怪的是，罗马在这方面从来都没有建树。从公元前5世纪的《十二铜表法》开始，人们就一直致力于改善这种状况，但直到查士丁尼时代，帝国的法律仍杂乱无章。随着查士丁尼的领土扩张，改革的需求日益迫切。仅仅收集汇编高度选择性的古代法律卷宗已经无法满足需求，编纂、标准化并在一定程度上创新立法适逢其时。此外，用同一正义标准评判帝国的所有公民已经刻不容缓。在这样的背景下，一系列的法律改革，即《民法大全》——通常被称为《查士丁尼法典》，应运而生。

它实际上涵盖了6世纪30年代中期的三个独立项目：《学说汇纂》，一本收集了罗马法学家著作的百科全书；《法典》，一本对法条做出详细解释的参考书；以及《法学阶梯》，一本法律概要，也是法学学生的入门教材。这些文本涵盖了一系列法律问题——从奴隶制到婚姻，从土地所有权到教会事务。在经历了几个世纪的非凡历程后，《民法大全》成为欧洲及其他地区国家法律体系的基础。尽管这项艰苦的工作是由一支值得尊敬的法律专家团队完成的，但它也许是查士丁尼最伟大的成就。当查士丁尼的仰慕者阿伽佩图斯用"穿着正义的紫袍"来描述皇帝时，这部法典便是最有说服力的证据。

▲ 查士丁尼极具影响力的法典片段

病肆虐或社会上出现对某些政策的不满时，政局就会变得极其危险。早期的例子可以追溯到532年的尼卡暴动。君士坦丁堡战车赛车爱好者寻衅滋事是该暴乱的导火索，但在更深层次上，抗议活动反映了民众对查士丁尼专制统治的不满。与此同时，贵族们在一旁煽风点火，乐在其中。查士丁尼被迫解雇了他的一些首席顾问，并一度差点儿逃离首都。皇位觊觎者们在此期间趁乱伺机而动。骚乱最终以残酷的方式被平息——成千上万人被赶到竞技场并在那里被屠杀——但这座城市遭受了巨大的损失，许多建筑被烧毁或夷为平地，君士坦丁堡已是"一片烧焦的废墟"。形势很容易让人认为在接下来的几年里，针对西方的军事征服行动至少在一定程度上是查士丁尼挽回人民敬仰的有效手段。

当然，我们不该认为查士丁尼只是在危机中跌跄前行。他的法律改革是那个时代最伟大的成就之一。允许印度僧侣向帝国走私蚕，在经济上取得了巨大的成功：它创造了一个新的、利润丰厚的产业，终结了拜占庭对昂贵的波斯丝绸的依赖。此外，灾难也可以转化为优势。尼卡暴动虽然摧毁了君士坦丁堡三分之一的区域，但这为一系列雄心勃勃的建筑项目创造了条件，尤其是圣索菲亚大教堂的重建。这座教堂可谓一个伟大的建筑奇迹——巨大的圆顶、大理石和马赛克。据普罗科皮乌斯的记载，它"以难

则的辩论非常激烈，一些人强调基督的人性，另一些人则强调他的神性，而大多数人强调两者的结合。查士丁尼致力于走中间路线，他在553年召开了一次教会会议。不幸的是，提供辩论的论坛反而加深了不同派系之间的仇恨。在位期间，查士丁尼对不遵循国教的行为毫不妥协，无宗教信仰者和异教徒都为此付出了代价。

即便战场上捷报频传，但当物价上涨、疾

▲ 位于芒特西奈的圣凯瑟琳修道院是查士丁尼创立和复兴的众多宗教机构之一

▲ 北非战场的必争之地，迦太基的圆形剧场

赋税时期

尝试复兴罗马帝国的荣耀是一回事，为之付出代价又是另一回事

三个因素倾向于耗尽帝国的财力：昂贵的战争、大量死于流行病的纳税公民，以及公民对逃税的沉迷。查士丁尼直面这三个挑战。他尝试改革税收制度，将税收工作交还给地方议会，而不是"温迪凯斯"税务官——或查士丁尼所指的"破坏性雇员"，但是效果并不理想。政府还积极向社会上层人士征收新税，但激起了他们的极大仇恨。

更糟糕的是，查士丁尼还面临着来自社会下层人士的反对。532年的尼卡暴动至少在某种程度上是由皇帝激进的税收政策导致的。6世纪40年代的瘟疫令局势雪上加霜：查士丁尼坚持，即使帝国约三分之一的公民已经死于瘟疫，但帝国税收收入应该保持不变。难怪税吏是拜占庭土地上最不受欢迎的人物之一。就连查士丁尼也承认，让"一个在苛捐杂税重负和罪恶中长大的人，即刻被任命为牧师，宣讲慈爱"，是不公平的。

▲ 查士丁尼统治时期的硬币

以形容的美丽著称，它的宏大及和谐的结构都令世人赞叹不已"。君士坦丁堡——查士丁尼将这座城市变为了文化和艺术的天堂——至少还建造了30座教堂，无数其他建筑也在整个帝国范围内拔地而起。

总而言之，查士丁尼的野心和活力是不可否认的。在他统治期间，拜占庭的疆域持续扩张。虽然他没有军事天赋，但懂得如何挑选将军。他尼卡暴动摧毁了君士坦丁堡三分之一的区域，但这也为一系列雄心勃勃的建筑项目创造了条件。

▲ 君士坦丁堡的圣索菲亚大教堂是查士丁尼建筑成就的巅峰之作

至少还有30座教堂在君士坦丁堡拔地而起，查士丁尼将这座城市变为了文化和艺术的天堂。

虽然不是偶像派，但衣品很好。正如与他同时代的人所描述的那样："他个子不高，胸肌发达，鼻子笔挺，皮肤白皙，卷发，圆脸，英俊，发际线较高，面色红润，头发和胡子花白。"然而，在查士丁尼统治的后期，他的一些最忠诚的支持者变成了他的批评者。普罗科皮乌斯曾经是皇帝最狂热的粉丝，但他对皇帝的往日颂词变为人格暗杀。他评价道：查士丁尼"非常自满，就像跟在他后面的那头蠢驴，只会在被缰绳牵动时摇耳朵"。查士丁尼喜怒无常，他"既邪恶又顺从……对任何人都不诚实，言行狡猾，但很容易被想欺骗他的人所蒙蔽"。普罗科皮乌斯还质疑那些备受赞誉的改革："他废除了现有的机构，为管理公共事务创建新的机构，对法律和军队的管理也做出了同样的调整。他这样做不是出于改善司法体系的考量或其他原因，而是为了一切都可以是新的，并以他的名字命名。"

皇后狄奥多拉

**从交际花变为皇后的狄奥多拉，既受爱戴也遭诟病。
拜占庭皇帝背后的女人是谁？**

这个将要成为拜占庭皇帝妻子的女人，出生在君士坦丁堡一个对她的个人发展帮不上什么忙的家庭，父亲是驯熊师，母亲是演员。年幼的狄奥多拉走上一条不归路，使诋毁者可以基于她的早年经历不断散播流言蜚语。谣言在她死后仍萦绕不去，因为她无疑在婚前从事过两种令人生疑的职业：演员和交际花。她的两个姐妹中至少有一个与她共事，据说她们由母亲在父亲阿卡西乌斯去世后引荐入行。

同情狄奥多拉的作家以弗所的约翰说她"来自勾栏"；对她态度欠佳的普罗科皮乌斯，也重复提到这一细节。普罗科皮乌斯的作品是我们了解狄奥多拉唯一也是最重要的信息来源。从他的作品中，我们了解到年轻的狄奥多拉如何令自己一举成名：撩人的衣着和脱衣表演令观众兴奋不已，她甚至将几桶谷物倒在双腿间，让鹅啄食。演出结束后，无论贫富，狄奥多拉来者不拒。她还经常参加宴会招揽顾客。

无论普罗科皮乌斯夸张的描述是否属实，这种生活对狄奥多拉来说都是不适合的。她很聪明，足智多谋，善于独立思考，这些特质对她来说大有裨益。16岁时，狄奥多拉离开君士坦丁堡来到北非，作为叙利亚官员赫塞博利乌斯的情妇

在这里度过了4年。这段经历最终成了狄奥多拉的一段伤心往事，但这并没有令她意志消沉；在经由亚历山德里亚和安条克缓慢返回君士坦丁堡的途中，狄奥多拉偶遇多位有影响力的牧首[1]和权贵。在与他们接触的过程中，狄奥多拉学习了许多有用的技能和高雅的举止，这在她成为皇后时展现出了巨大的影响力。据说正是在这一时期，她皈依了有争议的基督教一性论派，该教派认为基督的人性和神性是融为一体的。

522年，刚过20岁的狄奥多

年轻的狄奥多拉因撩人的衣着和脱衣表演一举成名。

拉回到君士坦丁堡。她做起了羊毛纺纱工，并把家搬到了皇宫附近。在这里，她引起了皇帝查士丁一世的侄子和继承人查士丁尼的注意。中年查士丁尼被狄奥多拉深深吸引，决心娶她为妻；但此举存在一个显然无法逾越的障碍：一项旧法律规定，政府官员禁止娶女演员为妻。尽管狄奥多拉已经退出娱乐圈，但她在舞台上的风流韵事成了她嫁给帝国继承人的绊脚石。使问题进一步复杂化的是，查士丁一世的皇后尤菲米亚是这项法律的坚决维护者，由于宗教信仰和个人偏好，她对狄奥多拉极不友好。这对恋人看起来即将被拆散，但他们得到了幸运之神的眷顾。尤菲米亚于524年离世，皇后死后，反对力量显然大势已去。现在，查士丁可以在不引发婚姻纠纷的情况下自由行事了，出于来自继承人的压力，他废除了阻碍这对幸福恋人的法律。查士丁尼和狄奥多拉迅速成婚，对随之而来的丑闻毫不在意。

527年，查士丁尼继承皇位，狄奥多拉成为拜占庭皇后。狄奥多拉对自己的过去毫无羞愧之情，也丝毫不加掩饰：她过去的朋友都受到欢迎，她的私生女——是和查士丁尼还是前任恋人所生，无从考证——也可以自由出入皇宫与母亲团聚。查士丁尼似乎没有因妻子的过去而受到困扰，部分原因可能是他自己的出身也不那么显赫。也许因为狄奥多拉出身贫寒，作为皇后她十分注重礼节和身份。与舞台表演一样，外表就是一切，她不允许任何人——无论贵贱——在任何一刻忘记她皇后的身份。狄奥多拉衣着考究，通常穿着华丽的金色和紫色长袍，戴着闪闪发光的珠宝和向所有人展示权力和高位的皇冠。狄奥多拉还极力确保来访官员和皇室成员给予她应有的

① 牧首，东正教的最高教职，又称宗主教。

▲ 狄奥多拉是她丈夫最坚定的支持者

▲ 受到狄奥多拉的故事启发，温斯顿·丘吉尔的母亲在化装舞会上扮成了拜占庭皇后的样子

> 容貌和外表就是一切，她不允许任何人——无论贵贱——忘记她皇后的身份。

荣誉和认可。据说，她经常让达官贵人等待几个小时后才接见他们。

狄奥多拉并不满足于做花瓶，有明确迹象表明她在努力提升自己。狄奥多拉是一个狂热的读者，喜欢自己阅读而不是听别人朗读。她积极参与帝国的治理，极力提拔她喜欢的人，同时也积极清除不支持她或看不起她的人。在拜占庭历史上，皇后在宫廷甚至政治事务上发挥影响力，辅助丈夫并与他共同执政并不罕见。同样，接见外国使节和来访达官贵人也是皇后的职责。然而，狄奥多拉是拜占庭历史上第一个走得更远的皇后；根据一些史料记载，她不仅是传统意义上皇帝的配偶，而且是凭借自身才能实际执掌政权的统治者。人们对这位自命不凡的皇后怀有敌意不足为奇，很多人私下或在公开场合对这个出身卑微的女人恶语相向，说她厚颜无耻。的确，狄奥多拉似乎在炫耀她的过去，她拒绝否认自己的出身，在很多人看来，这是对现有秩序的挑战。

当查士丁尼着手开展一系列城市改革时，狄奥多拉没有置身事外。她特别关心妇女权利问题。在她的努力下，528年，所有阶层的妇女都受到了法律的保护，绑架犯和强奸犯依法将被判处死刑。在此之前，下层阶级的妇女和奴隶任由他人摆布，不受法律保护。534—535年，惩处卖淫的相关法律也得到加强，新法律规定强迫或

狄奥多拉敦促查士丁尼与暴徒战斗，并提醒他"紫袍是绝佳的寿衣"——作为皇帝，与其逃跑，还不如战斗至死

胁迫任何人卖淫都是非法的。此外，妇女在离婚
案和与她们直接相关的财产分配案中被赋予了更
多权利，杀害通奸的妻子被法律严令禁止。

　　在所有这些决策上，狄奥多拉都得到了皇
帝的支持，他倾听并尊重她的意见。狄奥多拉还
在改革君士坦丁堡妓院腐败问题上发挥了重要
作用。卖淫是这座城市的一个主要问题，剥削和
虐待妓女情况非常严重。在丈夫的支持下，狄奥
多拉开始着手解决这一问题。她建造了一座修
道院，为遭受虐待的妇女提供避难所。然而，针
对这一新政，不同信息来源做出了两种截然不同
的描述。一种说法是，女人们从街头的恐怖中被
解救出来，在修道院的围墙内过上了舒适和谐的
新生活。然而，普罗科皮乌斯描绘了一幅更为险
恶的画面：这些妇女遭到绑架，被强行转移到修
道院，接受改造。皇后非但不是他们的救星，反
而是她们的狱卒和施虐者；女人们不愿意离开她
们熟悉的生活环境，有些人甚至在对自己的"获
救"感到绝望时，撞向修道院围墙下的岩石自杀
身亡。

　　当代文献中没有提到的普罗科皮乌斯所描述
的残酷暴行，很可能是后来针对狄奥多拉和查士
丁尼的恶意诽谤运动的一部分。

　　最能体现狄奥多拉在政治事务上和对她丈
夫的影响力的是她在臭名昭著的尼卡暴动中的表
现。532 年 1 月，君士坦丁堡竞技场成了查士丁
尼执政期间面临的最大挑战现场。由皇帝在全市
范围内发起的全面改革和大规模建设计划遭到
民众的抗议，随着压力的逐渐增加，不满在本已
紧张的人群中爆发。虽然暴动被镇压，主脑被抓
获，但还是有两人逃脱了。当同情逃亡者的公众
的赦免要求被查士丁尼拒绝时，暴力事件再次爆
发。在贵族也卷入其中后，暴动从民众起义演变
为旨在永久推翻皇帝的政变。

▲ 两名僧侣将走私来的蚕献给查士丁尼

... Principi _Semen dedêre, vermis vnde sericus._
...mpereur Iustinien des oeufs ou Semences de Ver à Soye.

33

▲ 狄奥多拉的侍女们正在炫耀拜占庭宫廷的最新时尚

查士丁尼的竞争对手、有着皇室血统的贵族伊帕迪奥斯，被拥立并加冕。竞技场暴力升级迫使查士丁尼和他的顾问们撤回皇宫。在皇帝准备逃跑时，前女演员挺身而出，扮演了她一生中可能最重要的角色。狄奥多拉对她的丈夫说，现在还不是逃跑的时候——皇帝永远不应该成为逃兵，与其苟且偷生，不如以身殉国，死在皇位上。皇后的责备令查士丁尼倍感羞愧，他坚定立场，重燃斗志，派军前往竞技场，彻底镇压了起义，消灭了3万至3.5万名叛军。伊帕迪奥斯和其他同谋均被处决，查士丁尼大获全胜：他的地位不容置疑，他妻子的决定被证明是正确和成功的。

尼卡暴动后，查士丁尼和他的皇后显然保住了皇位，同时再也没有遭遇如此严重的挑战。狄奥多拉在这次的权力展示中发挥了重要作用，世人普遍认为是她挽救了局势。据说这并不是狄奥多拉唯一一次拯救查士丁尼的皇位：6世纪40年代早期，查士丁尼因瘟疫卧病在床，狄奥多拉有效接管国家大权，直到丈夫康复。

狄奥多拉与查士丁尼相互尊重并有着深厚的感情基础，这意味着即使意见相左，他们也能形成统一战线。皇帝和皇后在宗教信仰上有着非常明显的差异。狄奥多拉年轻时就皈依了基督教一性论派，而查士丁尼则坚定地信仰基督教察尔西顿派。在这种情况下，他们还是能够彼此尊重，求同存异，并肩作战，维护统治。狄奥多拉的影响力在宗教事务上再次显现，她不仅建立了一性论派修道院，还在宫殿内为那些因信仰而处于险境的信徒提供庇护。同时，她还保护一性论派主教和领袖，君士坦丁堡大主教安蒂姆就在她的房间里受到了12年的庇护。据说，在埃及南部诺巴塔伊人的皈依问题上，狄奥多拉通过智取击败了她的丈夫。查士丁尼想要诺巴塔伊人皈依基督教察尔西顿派，但狄奥多拉用计拖延了皇帝的传教士，使一性论派传教士捷足先登，赢得了诺巴塔伊人对一性论派的支持。

狄奥多拉告诉丈夫，现在不是逃跑的时候。宁可作为皇帝以身殉国，也不要作为逃兵苟且偷生。

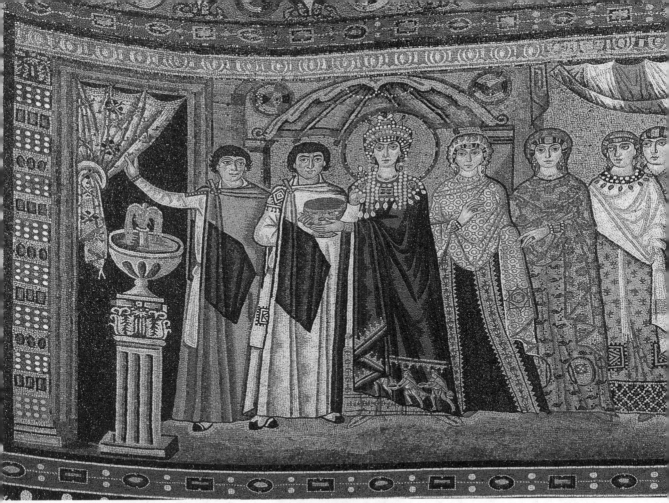

▲ 由于拥有如此多令人惊叹的马赛克镶嵌画，圣维塔莱大教堂和拉韦纳的其他建筑被联合国教科文组织列为世界遗产

时间线

533

北非
查士丁尼的军队取得了一次决定性的胜利，夺回了被汪达尔人占领的北非领土，这标志着 20 年征服战争的开始。
533 年

西西里
贝利萨留斯将军率领由 7500 名士兵组成的军队入侵西西里，他们几乎没有遭遇任何抵抗，顺利征服了西西里岛，夺取了进入意大利和其他地区的门户。
535 年

罗马
536 年 12 月，拜占庭军队攻占罗马。没过多久，537 年 2 月至 538 年 3 月，罗马便被东哥特国王维提吉斯围困。最终，查士丁尼的军队取得了最后的胜利。
536 年

米兰
蒙狄拉斯攻占了米兰，但胜利是短暂的；尽管增援部队已经派出，但米兰还是被哥特军队的复仇力量重新占领并烧毁。
538 年

548年6月28日，狄奥多拉在君士坦丁堡离世，参加葬礼的人在目睹了查士丁尼赋予皇后名誉的尊重和殊荣后，都称皇帝在葬礼上表现出的悲伤是最真实的。查士丁尼不仅履行了他对妻子的承诺，保护她建立的一性论社区，还像妻子生前所做的那样继续施行保护妇女权利的法律，以确保狄奥多拉留给这座城市的遗产在她死后仍能长存。狄奥多拉魅力非凡、大胆无畏、令人难忘，她是拜占庭帝国历史上最迷人、最有影响力的皇后之一。

就像他妻子生前所做的那样，查士丁尼继续实施保护妇女权利的法律。

圣维塔莱大教堂

作为意大利拉韦纳的奇迹之一，圣维塔莱大教堂在艺术和建筑史上都占有独特地位。始建于526年并于21年后完工的这座罗马和拜占庭风格的建筑奇迹，是查士丁尼一世统治时期唯一幸存下来的同类建筑，它拥有君士坦丁堡以外最多的拜占庭马赛克收藏。

拉韦纳
西罗马帝国曾经的首都，也是东哥特人现在的首都，在5月被贝利萨留斯攻占。
540年

意大利
在接下来的10年里，查士丁尼的军队在意大利东部的战斗中节节败退，丢掉了大部分已经占领的城市。
541年

伊比利亚半岛
凭借2000人的强大军队，拜占庭帝国攻占了伊比利亚半岛东南部的若干城市；新的西班尼亚行省将在此后建立。
552年

NARSES OVERCOMES THE OSTROGOTHS.

554

意大利
在纳尔吉斯的率领下，经过长时间的战斗，拜占庭帝国的军队击败了敌军3万人的军队，最终收复了意大利。
554年

残暴的统治者

拜占庭帝国的核心是君主制

福卡斯

约 547—610 年

　　福卡斯是莫里斯皇帝统治时期的一名军人。莫里斯在一场针对他的血腥军事叛乱中被处决，而作为皇帝的公开反对者，福卡斯被加冕为新的统治者。福卡斯登基后剥夺了贵族地主的权力和影响力，因而激怒了他们，引发内战。帝国各地起义频发，各派纷纷决心推翻篡位者。君士坦丁堡被攻占，福卡斯很快被斩首。

查士丁尼二世
希拉克略王朝，约 668—711 年

查士丁尼二世统治时期政局混乱。在课征重税和与教会冲突多年后，查士丁尼二世于695年被废黜。为了阻止他重夺皇位，他被施以劓刑，因而得到"割鼻查士丁尼"的绰号，据说他后来佩戴了金色的假体。流亡期间，他为重返权力宝座精心策划，并在可萨人的帮助下于705年重夺皇位。然而，查士丁尼二世残酷专制，只统治了6年，就再次被废黜，并在君士坦丁堡外被处决。

伊琳妮
伊苏里亚王朝，约 752—803 年

780年，伊琳妮的丈夫突然去世，之后她被推上权力宝座，为她的儿子君士坦丁六世摄政。伊琳妮逐渐对权力产生了兴趣，多年来一直拒绝交还统治权。790年，君士坦丁六世终于登上皇位。792年，在民众的支持下，伊琳妮成为君士坦丁六世的共治皇帝。797年，她成功废黜君士坦丁六世，甚至将他致盲，以阻止他重掌政权。然而，希望独揽大权并拒绝再婚最终使她走下了权力巅峰，802年，伊琳妮被废黜，一年后，穷困潦倒地死去。

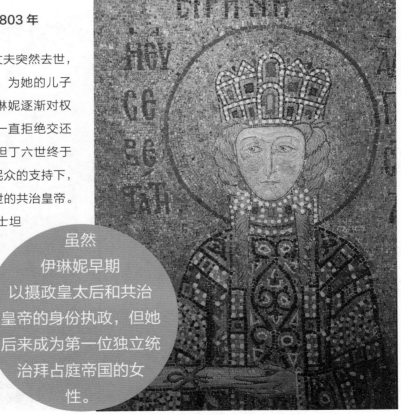

虽然伊琳妮早期以摄政皇太后和共治皇帝的身份执政，但她后来成为第一位独立统治拜占庭帝国的女性。

巴西尔一世
马其顿王朝，811—886 年

虽然出身卑微，但巴西尔赢得了皇帝米哈伊尔三世的友谊和庇护，被加冕为共治皇帝。巴西尔善于权谋，为了扫清通往皇位的道路，他多次犯下谋杀罪行。意识到米哈伊尔对他的好感开始减退后，他残忍地谋杀了皇帝和他的亲人。登上皇位后，他展开了一系列征服行动，使拜占庭成为欧洲彼时最强大的帝国。

巴西尔二世
马其顿王朝，958—1025 年

巴西尔二世因征服保加利亚而得名"保加利亚屠夫"。他冷酷无情，将俘获的 15000 名保加利亚士兵致盲，极其残忍地在每百人中留下一只眼睛，以便独眼人能为其他人引路回国。巴西尔二世在军队中备受欢迎，因为他亲自冲锋陷阵，而不是待在安全的宫殿里发号施令。此外，巴西尔二世是一个精明的统治者，在富有的地主向他发起反抗后，他限制了他们的权力。尽管他发起了无数军事行动，但在他统治期间，帝国经济依然蓬勃发展。当他去世时，拜占庭已拥有广阔的领土。

佐伊·波菲罗耶尼塔
马其顿王朝，约 978—1050 年

作为君士坦丁八世的女儿，佐伊是拜占庭皇位的下一位继承人。她有许多风流韵事，有传言称她溺毙或毒死了她的第一任丈夫罗曼努斯三世，然后在同一天，嫁给了情人米哈伊尔。但由于害怕背叛，米哈伊尔剥夺了她的政治权力，直到他死后才得以恢复。米哈伊尔的继承人和侄子米哈伊尔五世发动起义，帮助佐伊和她的妹妹狄奥多拉一起登上了皇位。之后，狄奥多拉迅速控制了政权。佐伊爱慕虚荣，对统治不感兴趣，但她嫉妒狄奥多拉的权威和统治能力。

狄奥多拉·波菲罗耶尼塔
马其顿王朝，980—1056 年

狄奥多拉比她的姐姐佐伊更适合执政，这在她将米哈伊尔五世致盲以阻止其重掌政权时得到了证实。多年来，狄奥多拉一直生活在姐姐的嫉妒中，罗曼努斯家族统治期间，她被关在修道院里。佐伊复位时，狄奥多拉不情愿地和她一起加冕为共治皇帝。佐伊和她的丈夫——她们的共治皇帝君士坦丁九世去世后，狄奥多拉独自执政，成为马其顿王朝的最后一位统治者。

安德罗尼柯一世·科穆宁
科穆宁王朝，约 1118—1185 年

皇太后马利亚因与拉丁人交好而遭到君士坦丁堡市民的反对，并被安德罗尼柯借机推翻。马利亚是安德罗尼柯已故堂兄曼努埃尔一世的妻子，也是阿列克修斯二世的摄政皇太后。安德罗尼柯在强迫阿列克修斯签署了他母亲的死刑令后，处死了这位年幼的皇帝。安德罗尼柯登基后，君士坦丁堡发生了针对拉丁人的大规模屠杀，而他对此袖手旁观，无动于衷。执政初期，安德罗尼柯受到民众的欢迎，但因他逐渐变得暴虐，民众开始起义反抗。安德罗尼柯试图逃跑，但最终被抓获、拷打并处决。

阿列克修斯三世
安杰洛斯王朝，约 1153—1211 年

阿列克修斯三世推翻了弟弟伊萨克二世的统治，弄瞎了他的眼睛并把他囚禁起来。阿列克修斯三世挥金如土，耗尽国库，治国能力极差，严重依赖能干的妻子尤弗罗西尼。当伊萨克二世的儿子、阿列克修斯三世的侄子，即未来的阿列克修斯四世，请求通过第四次十字军东征帮他复位时，帝国即刻土崩瓦解。由于阿列克修斯三世治理不善，拜占庭轻易便被十字军攻占。他连夜逃到国外，后来死在了修道院。

安德罗尼柯是个好色之徒，他有很多风流韵事。他的情人包括曼努埃尔的侄女狄奥多拉·科穆宁和耶路撒冷国王鲍德温三世的遗孀。

约翰五世·培里奥洛克

培里奥洛克王朝，1332—1391 年

虽然约翰生性并不凶残，但他统治期间充斥着暴力和叛乱。年幼的约翰登上皇位后，帝国因争夺摄政权而陷入内战。若干年后，约翰在第二次内战中成功推翻了摄政王——他父亲的老助手。约翰曾两次被废黜，一次是被他的儿子，另一次是被他的孙子。两次下台后，他都设法重新夺回了皇位，但同时也被迫分封头衔以安抚他的子嗣。

雅典的伊琳妮

作为第一位独立统治罗马的女性，伊琳妮的执政方式令人惊叹

768 年，一个名叫伊琳妮的少女在满载丝绸的舰队陪同下，从雅典来到君士坦丁堡。这座城市上流社会的男女热烈欢迎她的到来并陪同她来到皇宫。几天后，在盛大的典礼上，她戴上皇冠，嫁给了君士坦丁五世的儿子，也就是后来的利奥四世。

伊琳妮出生于752年，可能通过一个叫做新娘选秀的东方仪式被发现——由皇帝的妻子，一位哈扎尔公主引荐入宫。新娘选秀是由官员们在整个帝国范围内搜罗接受过良好教育、出身名门的迷人女子，将她们带回首都面见新郎，由新郎选出他最喜欢的一位做新娘。不过，少女伊琳妮是一个令人惊讶的选择。自利奥的祖父利奥三世统治以来，拜占庭人就一直奉行激进的毁坏圣像政策——压制宗教圣像崇拜。然而，伊琳妮是一个虔诚的圣像崇拜者。

> 尽管伊琳妮行事手段残忍（包括用致命方式将她的儿子致盲），但坚定的圣像崇拜信仰使她被封为圣徒。

10 年后，君士坦丁在对抗保加利亚的战斗中牺牲。反对他的圣像崇拜者们大肆庆祝他的死亡，并称他为"科普罗尼莫斯"（意为"以粪便为名的"）。为了削弱他那些诡计多端的兄弟的势力，利奥四世在登基之初便指定他6岁的儿子为继承人。伊琳妮似乎从一开始就软化了丈夫的毁坏圣像倾向——他结束了对僧侣们的迫害，并在780年任命著名的圣像崇拜者、塞浦路斯的保罗为大牧首。

然而，仅仅两周后，当发现总管们在为伊琳妮走私圣像时，利奥四世勃然大怒——他对总管们施以鞭刑，将他们在首都游街示众，其中一人在遭受残忍的鞭打后不幸身亡。皇帝因遭到背叛而受伤，他恶毒地谴责妻子，从此拒绝与她一起生活。然而，他忘记将她的圣像崇拜支持者赶出内阁。同年夏天，利奥四世头部突发可疑囊肿，很快便死于高烧。伊琳妮则散布谣言抹

在丈夫和儿子死后，强大的伊琳妮成为罗马帝国的第一位女性统治者

▲ 伊琳妮是一个坚定的圣像崇拜者，她不知疲倦地致力于消除伊苏里亚王朝对圣像崇拜的迫害

月，伊琳妮掌握的庞大间谍网络就发现了利奥四世的兄弟尼基弗鲁斯谋反的阴谋——尼基弗鲁斯已经因为密谋反对利奥四世被剥夺了恺撒的身份。伊琳妮强迫尼基弗鲁斯和他的四个兄弟成为祭司，从而剥夺了他们继承皇位的资格。

在被流放的尼基弗鲁斯的同谋中，有一个曾任邮政行政官，他不仅负责邮政服务，还负责国土安全和外交，伊琳妮任命她的亲信太监斯陶拉修斯接任了这一职务。之后，伊琳妮迅速行动着手挑选圣像崇拜派主教，并换掉了支持毁坏圣像占多数的东部军队中态度敌对的将军。当西西里的总督起义支持利奥兄弟时，是宫廷太监而不是将军镇压了叛乱。

然而，这只是麻烦的开始。阿拔斯王朝的哈里发命令他的儿子哈伦·赖世德率领一支95800人的军队，向君士坦丁堡发动了突袭。尽管斯陶拉修斯用计将哈伦围困在山谷中，但在谈判过程中，斯陶拉修斯被他手下一个奸诈的将军出卖给了敌人——这迫使伊琳妮签订了一项耻辱的和平条约，每年向阿拉伯帝国支付16万诺米斯玛塔①的赎金。783年，斯陶拉修斯通过一场横跨塞萨洛尼基和伯罗奔尼撒的大胆战役，洗去了污名。他在战役中击败斯拉夫人，缴获了大量战利品和贡

黑她的丈夫，说他在戴上希拉克略捐赠给圣索菲亚国库的皇冠后暴毙而亡。

利奥四世死后，他和伊琳妮的儿子、9岁的君士坦丁六世继位，伊琳妮将在他成年之前担任摄政皇太后。这对母子二人来说都将是一段艰难的旅程，前任的结局历历在目：皇太后马丁娜被割去舌头，皇帝希拉克略二世被割掉鼻子，母子二人一起流放异乡。对伊琳妮来说，女性的身份已经令掌控军队十分艰难，圣像崇拜者的身份又令这项任务难上加难。摄政不到两个

教皇利奥三世声称女人——伊琳妮——不能继承皇位，因此任命查理曼为神圣罗马帝国的皇帝。

---

① 拜占庭帝国的货币单位。1磅黄金铸造72个名为"诺米斯玛塔"（Nomismata）的金币，1个诺米斯玛塔等于12个银币，1个银币等于12个铜币。

毁坏圣像运动

717年，伊苏里亚王朝的利奥三世在迫使他的前任狄奥多西三世退位后，紫袍加身。此时，他所继承的帝国已脆弱不堪。利奥三世的反圣像崇拜倾向根深蒂固，他认为画像或肖像应该只用于描绘人类主体——任何描绘神的尝试都等同于偶像崇拜。这种观点在东部地区，也是从军人数较多的地区尤为突出，他因此得到了将军们的支持。

726年，利奥三世禁止所有圣徒、殉道者和天使的形象出现，并下令移除了西部省份长期供奉的圣像和圣物。毁坏圣像运动一直以来都备受争议，它引发了教皇的严厉谴责和君士坦丁堡的骚乱，甚至导致了希腊群岛的叛乱。当天成救主像（Christ Antiphonetes）被从首都的查尔克门上移走时，一群虔诚的女信徒将警察殴打致死，引发了血腥暴力事件。

利奥三世的儿子君士坦丁比他的父亲更加苛刻，崇拜圣像的僧侣受到了异常严厉的惩罚。他还拆毁修道院，强迫僧侣结婚，折磨、致盲甚至处决违规者。通过这种方式，军队、政府和神职人员在表面上与皇帝的反传统倾向实现了统一。然而，东西方信仰的分歧比以往任何时候都更加严重。

▲ 伊苏里亚王朝反对圣像崇拜的暴力运动破坏了拜占庭与教皇的关系

▲ 伊琳妮的帝国在两个强大的同时代统治者哈伦·赖世德和查理曼之间谋求生存

品。为了宣传胜利，伊琳妮和她的儿子君士坦丁六世一起巡视了色雷斯地区（最远行至菲利普波利斯），并将该地区的一座城市重新命名为伊雷诺波利斯。在短短一年内，伊琳妮所攻占的色雷斯领土比君士坦丁五世在位期间所攻占的领土还要多。

军事上的荣耀使伊琳妮信心倍增，大主教保罗去世后，伊琳妮用坚定的圣像崇拜者、帝国秘书塔拉修斯取代了他。尽管任命这个平信徒（没有教职的一般信徒）引起了骚动，但这一举动向长期疏远的教皇和东方教会抛出了橄榄枝。随后，伊琳妮邀请教会代表参加在君士坦丁堡举行的教会理事会，为回归圣像崇拜教义盛大揭幕。为了展示不断增长的权力和地位，伊琳妮不再向阿巴斯人进贡，并摧毁了他们在阿达塔的基地，然后再次巡视色雷斯地区。虽然这样的功绩赢得

保卫首都。在一次巧妙的政治行动中，伊琳妮亲自率军前往比提尼亚营地，解散叛军队伍，将他们分派到了不同省份。最后，伊琳妮选择在尼西亚重新召开教会理事会，以避免首都再次出现危险情绪。她将这次会议称为第二次尼西亚会议，以增加其宣传价值。在理事会上，由于伊琳妮的坚持，反圣像崇拜者得到了悔过的机会。回到君士坦丁堡后，她和儿子用紫色墨水签署了法案。在毁坏圣像运动持续了60年后，僧侣们终于得以解脱。

这是伊琳妮取得的一次重大胜利，值得庆祝——她为16岁的儿子举行了盛大的婚礼。君士坦丁六世本来和查理曼大帝的女儿罗特鲁德订有婚约，但伊琳妮请求法兰克国王把他13岁的女儿送到东方。然而法兰克国王称自己会思女心切，拒绝了。于是，伊琳妮和斯陶拉修斯决定启用新娘选秀，在帝国范围内为皇帝寻找合适的妻子，他们最终选择了一位圣人的孙女亚姆尼亚的马利亚。

皇帝成年后，伊琳妮的摄政任务似乎完成了。然而，阿拉伯才智过人的哈伦刚接替他的兄弟成为哈里发，法兰克国王查理曼控制了教皇，在这样一个危急时刻，拜占庭需要强有力的领导人。伊琳妮虽然是女人，但她的儿子非常顺从。他不仅允许母亲替他挑选妻子，还让母亲代他统治国家。然而，在女儿出生后，君士坦丁六世开始怨恨他的妻子，更憎恨他的母亲。对于一个渴望履行皇权的年轻皇帝来说，生活在母亲的枷锁下，不去关心皇室和个人主权，是一种耻辱。

在拜占庭遭受连续的军事打击后，君士坦丁六世受到民众的青睐，他开始谋划反抗斯陶拉修斯。然而，斯陶拉修斯抢先一步，向伊琳妮揭露了她儿子的阴谋。伊琳妮打了君士坦丁六世一记耳光，将他无限期禁足，并要求军队宣誓只要

了君士坦丁五世时期的将军们的支持，但普通士兵仍然对君士坦丁五世心怀崇敬。当理事会于8月17日敞开大门时，一群忠于先皇帝理念（反圣像崇拜）的帝国卫队士兵冲进圣使徒教堂，威胁要杀光所有留下的人——会议不得不就此结束。貌似失利的伊琳妮随即宣布对萨拉森人发起新一轮的东部战役。她命令这支企图暴乱的卫队东进，然后由斯陶拉修斯指挥的效忠者取而代之

▲ 伊琳妮出生在雅典，很可能是在帝国范围内举行的"新娘选秀"活动中被发现的

她活着，就不让君士坦丁六世掌权。亚美尼亚克行政区、安纳托利亚最强大的军事省份发动了起义。当伊琳妮派军官阿列克修斯·莫塞莱前去镇压时，起事者推举君士坦丁六世为领袖并宣布他为帝国唯一的皇帝。其他四个安纳托利亚行省纷纷效仿，伊琳妮无奈只得释放了19岁的君士坦丁六世。虽然终于得以独掌大权，但君士坦丁六世很快就回到了母亲的阴影中。

虽然伊琳妮被限制在自己的住所，但她的支持者都保留了职位。792年，在结束了与阿拔斯王朝和保加利亚人的无力战斗后，君士坦丁六世释放了她，召回了斯陶拉修斯，并命令士兵承认她是自己的共治皇帝——君士坦丁六世甚至在亚美尼亚克人拒绝执行该命令时囚禁了阿列克修

斯。震惊的亚美尼亚克人密谋将尼基弗鲁斯从教会召回，并帮他紫袍加身。然而，伊琳妮和斯陶拉修斯提前洞悉了该计划——他们唆使君士坦丁六世弄瞎了尼基弗鲁斯的眼睛，割掉了他其他叔叔的舌头，以使他们不能再继承皇位；在这二人的蛊惑下，君士坦丁六世还愚蠢地将阿列克修斯致盲，因而引发了亚美尼亚克起义。在镇压起义后，君士坦丁六世释放了数千名脸上印有"亚美尼亚克阴谋家"标记的俘虏，使得异族趁虚而入，突袭了毫无防备的边境。

君士坦丁六世另一个有辱皇室声望的举动是在长期厌倦妻子后，可耻地将她"抛弃"，娶了另一个女人。不久之后，民间、宗教和军事机构又回到了伊琳妮的势力范围。797年，当安纳

伊琳妮在一年内攻占的色雷斯领土——她将一座城市重新命名为伊雷诺波利斯——比君士坦丁五世在位期间所攻占的领土还要多。

托利亚再次被进攻时，伊琳妮和她的盟友们决定对她软弱的儿子采取行动。君士坦丁六世在竞技场遭遇了致命的袭击，死里逃生。但他在逃亡途中经过安纳托利亚时被抓获，并被带回了他出生的紫色寝宫。在那里，伊琳妮的手下把他按倒在地，弄瞎了他的双眼——行刑手段极其残忍，导致他在承受了长时间的痛苦后才慢慢死去。

就这样，伊琳妮成了罗马帝国的第一位女性统治者。但这是一场毫无价值的胜利，她的健康和精神状况都因此陷入了极度崩溃。伊琳妮铸造硬币庆祝独立统治，并自称皇帝，而不是皇后。这一前所未有的举动给她的统治带来了许多问题。为了让诋毁她的人无话可说，她慷慨捐赠，并免除了教会的赋税。

尽管伊琳妮大权在握，但她仍然没有赢得军队的支持。798年，军队允许穆斯林畅通无阻一路攻打到爱琴海海岸，拜占庭被迫恢复了782年签署的金额巨大的耻辱性进贡协议。不久后，当伊琳妮身染重病时，新太监顾问埃提乌斯使她相信斯陶拉修斯正密谋篡夺皇位。然而事实上，斯陶拉修斯已经行将就木。

800年圣诞节，拜占庭帝国遭受了最屈辱的打击，教皇册封查理曼为"罗马帝国皇帝"。为了挽回声誉，伊琳妮不顾一切捐出更多善款，并废除了首都的贸易关税，然而她的财政部长（非常巧合地也叫尼基弗鲁斯）却大肆宣扬这是一场金融灾难。两年后，查理曼大帝出乎意料地向她提出求婚——这无疑是一个重新统一罗马帝国的机会。然而，埃提乌斯为了帮他的兄弟谋权，很快就破坏了这个提议。不过他的阴谋也未能得逞。当孱弱多病的伊琳妮到莱夫塞里奥斯宫休养时，财政部长尼基弗鲁斯冲进去绑架了她，并让民众拥立自己为皇帝。伊琳妮哀叹道："我的毁灭源于我的罪恶。"

在执政22年后，伊琳妮被流放到莱斯沃斯岛。根据民间传说，她靠纺线为生，在被流放一年后死去。虽然她不是圣人，但她因结束了毁坏圣像的宗教暴政，后来被东正教封为圣徒。

▲ 在儿子死后，伊琳妮以唯一的皇帝而不是皇后的身份执掌帝国

一些历史学家认为，有关塞奥发诺谋杀了两任丈夫的谣言很可能是由竞争对手散播的虚假信息。

巴西尔二世

在经历被轻视、打败和推翻后，巴西尔二世从失败中崛起，
成为传奇的帝国缔造者和令人生畏的战士

巴西尔二世的一生只有一个主要目标——将拜占庭帝国打造成世界上最伟大的帝国。他不关心文学文化，不偏爱受过教育的阶层，对女人不感兴趣，也没有子嗣。他既不是能言善辩的演说家，也不魅力四射。然而，在他的领导下，拜占庭帝国达到了权力的巅峰，这要归功于巴西尔二世对成功的不懈追求，虽然困难重重，但他从未放弃。

从一开始，巴西尔二世的胜利之路就遍布荆棘——他是罗曼努斯二世和塞奥发诺（一个穷困的酒馆老板的女儿）的长子。罗曼努斯二世知道许多人对皇位虎视眈眈，这是拜占庭皇帝要持续面对的威胁，于是他在巴西尔还是婴儿的时候就指定他和他的弟弟君士坦丁为共治皇帝。这一决定非常及时，因为3年后罗曼努斯二世便去世了，年仅24岁。人们普遍认为他是被妻子毒死的，但这并没有得到证实。

这时，巴西尔年仅5岁，还不能治理国家，因此他的母亲嫁给了将军尼基弗鲁斯·福卡斯。

巴西尔二世是一个优秀的骑手，但他的身材比大多数人矮小

然而，据传塞奥发诺在对自己的新任丈夫产生不满后，谋杀了他。福卡斯的侄子约翰·吉米斯基接替他成为巴西尔的共治皇帝，他非常明智，清楚地知道塞奥发诺离皇位越远越好，因而迅速将她流放。吉米斯基死后，尽管巴西尔非常依赖摄政王——他的叔祖父巴西尔，但他终于长大成人，得以亲政。对小巴西尔来说，叔祖父曾经忠心耿耿，帮助他消除了来自强大地主家族对皇位的两次威胁。

然而，野心家在尝到权力的滋味后，便会欲罢不能。叔祖父巴西尔开始得寸进尺。他像皇帝一样行事，未经小巴西尔同意便下达命令，甚至穿上了皇帝的紫袍。尽管如此，年轻的巴西尔还是按兵不动，努力学习军事战略，等待时机。就在巴西尔18岁即将正式继位之际，他的叔祖父散布谣言，说这位年轻的统治者正在密谋与穆斯林合作。他还准备发动政变，扶植强大的贵族巴达斯·福卡斯成为皇帝。然而，年轻的巴西尔先发制人。在军队的支持下，他提前登基，并将他的叔祖父以叛徒的名义逮捕。诡计多端的叔祖父巴西尔在被剥夺了所有的土地和财富后被流放。年轻的巴西尔在目睹了许多贪

> 巴西尔二世的精英私人护卫队——瓦兰吉卫队——是由外来者组成的，如维京人，他们缺乏对帝国的忠诚。

▲ 巴西尔被指定为共治皇帝时只有两岁

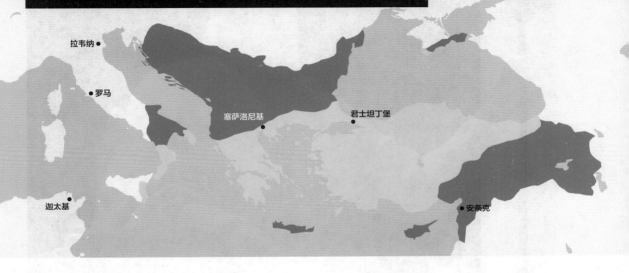

帝国缔造者巴西尔二世

在巴西尔二世的统治下，拜占庭帝国的实力在中世纪达到了巅峰

巴西尔二世的军事行动和领土扩张使拜占庭成为中世纪最强大的帝国。他征服了多瑙河沿岸各省的敌人，为拜占庭帝国缔造了强大而又稳定的边境。

与此同时，他成功击败保加利亚，为巴尔干边境城市带来了相对和平的局势，使他们免于继续遭受多年来一直困扰他们的袭击和掠夺。

然而，并不是所有的土地都是通过军事征服赢得的。有些地区，如对亚美尼亚和瓦斯普拉肯的吞并是巴西尔二世通过熟练运用政治策略实现的。巴西尔二世去世时，他的帝国已从亚美尼亚延伸到了卡拉布里亚。

■ 巴西尔继位之前

□ 巴西尔继位之后新增

拉韦纳

罗马

塞萨洛尼基

君士坦丁堡

迦太基

安条克

巴西尔二世从失败中吸取教训，成为一个有谋略、善组织、具有毁灭性力量的不可忽视的敌人。

婪、觊觎他皇位的争权夺势后终于登上皇位。

作为皇帝，巴西尔二世非同寻常。传统意义上的皇帝衣着用度奢华，精神焕发、富有魅力，相比之下，巴西尔二世比一般人身材矮小（但他骑马的技术令人惊叹），有着蓝色的眼睛，留着长长的侧须。他对华丽的服饰不感兴趣。

童年经历显然在巴西尔二世身上种下了一颗怀疑的种子，使得任何人都很难接近他。他以性格阴沉和性情急躁著称，就连他的紫色皇袍颜色也比寻常的暗淡一些。事实上，巴西尔二世看起来更像是一个严肃的僧侣，而不是一个皇帝，这一形象很难激发民众对他的拥护和爱戴。但巴西尔二世对激发民众的敬爱之情并不关心——他关心的是如何巩固自己的权力和扩大帝国的影响

▲ 直到今天，塞缪尔汗在保加利亚仍被视为民族英雄

▲ 巴西尔二世击败格鲁吉亚国王乔治一世，取得了重大胜利

力，继位后他立即着手实现这些目标。

　　贪婪且野心勃勃的贵族对他步步紧逼，巴西尔二世则致力于建立自己军人的声望。他志存高远，计划让拜占庭帝国摆脱宿敌保加利亚人的纠缠。大约一百年前，保加利亚的克鲁姆汗实现了巴西尔二世想要效仿的领土扩张。克鲁姆汗成功将分散的保加利亚部落联合起来，并利用这支可怕的军队先后击败了三位拜占庭皇帝。一些报道称，他甚至将尼基弗鲁斯一世的头骨制成水杯来庆祝胜利。在那之后，保加利亚人的影响力持续增长。此刻巴西尔二世的对手是塞缪尔汗。在他的统治下，保加利亚人继续劫掠拜占庭城镇。如果巴西尔二世能够击败这个强大的敌人，他的皇位就稳固了。

　　巴西尔二世决心证明自己的价值，夺回被窃取的拜占庭领土。他率领一支军队来到保加利

> 致盲囚犯无疑有助于打击士气，这种方法在当时是对叛军的传统惩罚方式。

亚，保加利亚人不敌撤退。为了巩固胜利果实，巴西尔二世包围了塞迪卡城（今天的索菲亚）。然而，虽然胜利似乎已成定局，但巴西尔二世此时仍缺乏战斗经验。他对这座城市进攻20天无果，加上保加利亚人烧毁了他们所有的庄稼，巴西尔二世的军队陷入了食物短缺的困境。在最后一次的残酷战斗中，守军冲出城门，残杀了大批拜占庭士兵并烧毁了他们的攻城装备。

　　在意识到自己的错误后，巴西尔二世放弃围攻，带着疲惫不堪、饥肠辘辘的残余部队撤退了。然而，塞缪尔汗对此早有准备，他在特拉扬狭窄的城门伏击了巴西尔二世。巴西尔二世的部队被击溃，皇家印章被劫，巴西尔二世自己也在战斗中负伤。对巴西尔二世来说，这是一次彻底的失败。他损失了大量兵力，只有一支亚美尼亚精锐部队设法突围将他带到了安全地带。对于这个决心证明自己价值的

巴西尔二世对抗贵族

巴西尔二世最大的敌人是保加利亚人，但同时他还要面对离他更近的敌人

长期以来，巴西尔二世与贵族之间一直维系着一种错综复杂的关系。他不仅要与他们斗法，不让他们染指皇位，还要采取措施阻止他们觊觎皇位。巴西尔二世将军事精神倾注到国内政策中，剥夺贵族影响力成了他的中心要务。这些强大的军事家族展现了过多的财富和权力，令巴西尔二世不得不忌惮他们篡位的可能性。巴西尔二世通过加强保护小农场主和农民不受大家族侵害的立法，巩固了皇权。他还严格审查贵族的土地所有权，没收了他们的一些庄园，并强迫他们偿还农民的欠款。这些政策为国库注入了大量资金，巴西尔二世需要额外建造地下密室来存放巨款。

巴西尔二世的反贵族政策加强了皇权和中央政府的权力，打消了觊觎皇位的军事领袖的不轨企图。然而，正是这些贵族极大程度上帮助巴西尔二世抵御了阿拉伯人的威胁，扩展了拜占庭帝国的边界。贵族的既得利益在于保护他们的土地不被掠夺，并扩张土地以增加财富。这些家族构成了军队的支柱，虽然剥夺他们的财富帮助巴西尔二世消除了皇位威胁，但从长远来看，他的行为是否明智存在争议。

▲ 来自福卡斯的挑战在很大程度上削弱了巴西尔二世对贵族的信任

皇帝来说，这是一次屈辱的失败，而他的敌人很快就会趁虚而入。

987年，当巴西尔二世回到首都时，他发现宿敌巴达斯·福卡斯已经称帝。巴西尔二世知道他需要更强大的军队来击败叛徒，所以他把妹妹嫁给了基辅的弗拉基米尔，以换取6000名久经沙场的维京士兵的帮助。利用这一军事力量，巴西尔二世恢复秩序，平定了叛乱。叛军的3名指挥官均被判处了特别指定的死刑——绞刑、钉刑和穿刺。

巴西尔二世已怒不可遏，他的头号目标变成了贵族世家。他增加了背叛他的贵族的赋税，并让他们支付穷人的欠税。他还采用了另一个削弱贵族权力的精明策略：在各省引入有偿入伍制来代替兵役制。这意味着地方首脑将要面临人手不足的困境，而巴西尔二世则可以用增加的税收为自己聘用一支专门忠于他的军队。利用这支军队，巴西尔二世在叙利亚击败了阿拉伯人，粉碎了法蒂玛王朝的野心。

此外，巴西尔二世应变能力极强。995年，为了确保他的士兵迅速到达战场，巴西尔二世向每名士兵分发了两头骡子，一头自己骑，一头用来驮运行李，这一明智决定使拜占庭军队在叙利亚北部战场取得了胜利。巴西尔二世从失败中吸取教训，成为一个有谋略、善组织、具有毁灭性力量的不可忽视的敌人。最重要的是，他从不挑起没有必胜把握的冲突。

然而，无论巴西尔二世赢得多少胜利，有一组敌人始终在他脑海里挥之不去——塞缪尔汗和他的保加利亚人。

塞缪尔汗持续征战掠夺，已将他的统治范围从亚得里亚海扩张到黑海。他毫不畏惧巴西尔二世和他的维京部队，突袭了远至希腊中部的多个拜占庭城镇。巴西尔二世知道战胜保加利亚人需

要完美的组织和战略规划，在那次耻辱的失败过后多年，他终于为证明自己做好了准备。巴西尔二世和他的将军们开始从保加利亚人手中一点点夺回领土——997年攻占希腊，1000年攻占普利斯卡，1004年攻占斯科普里，1005年攻占戴拉奇奥。1014年，在控制了保加利亚北部和中部地区后，巴西尔二世率领大军向塞缪尔汗的首都挺进。

塞缪尔汗意识到，巴西尔二世的大军必须通过一系列山口才能入侵自己的首都，而这些山口与他之前遭遇失利的山口相差无几。因此，塞缪尔汗用城墙和塔楼加固了关口，希望把老对手引入陷阱。最初，这些防御是有效的。巴西尔二世的军队试图冲击位于巴拉西卡山脉克莱迪翁山口的防御工事，但徒劳无功，始终无法通过山谷。然而巴西尔二世并没有陷入不安，他命令将军调动士兵绕过山谷，从背后袭击保加利亚人，而巴西尔二世则在前方继续冲击城墙——这意味着敌人将腹背受敌。

当保加利亚人放弃塔楼以应对来自后方的袭击时，巴西尔二世顺利突围。成千上万的拜占庭战士涌入山口，击败了保加利亚军队，屠杀了成千上万的保加利亚士兵，余下的士兵则仓皇而逃。毫无疑问，此刻，命运的转盘调换了巴西尔二世和塞缪尔汗的位置。多亏塞缪尔汗骑上了儿子的战马，他才得以冲出重围，逃出生天。

保加利亚人溃不成军，巴西尔二世俘虏了约14000名士兵。他打算释放这些俘虏，但必须在他向敌人发出威慑信号之后。他将每100名囚犯分成一组，然后将每组里的99人致盲——挖掉或烧瞎他们的眼睛。每组中都有一个幸运儿可以保住一只眼睛，以便他能引领其他人回国。这群盲人士兵最终设法回到祖国觐见了塞缪尔汗。当看到成千上万的盲人士兵时，塞缪尔汗惊恐不

已，据说他当场心脏病发作，死于休克。巴西尔二世不仅赢得了胜利，还为自己创造了传奇。从那时起，他便被称为"保加利亚屠夫"巴西尔。

塞缪尔汗的几个儿子实力有限，抵抗无力，在后来的战斗中，巴西尔二世都赢得了绝对胜利，保加利亚王国最终被巴西尔二世的拜占庭帝国吞并。克罗地亚统治者非常明智地臣服于巴西尔二世的统治，巴西尔二世则授予对方荣誉头衔作为回报。1016年，巴西尔二世胜利攻占保加利亚首都塞迪卡，考虑到与保加利亚人的激烈斗争已经持续多年，他异常宽待这里的新臣民。他授予保加利亚领袖们宫廷头衔，让他们在拜占庭帝国中担任要职，并同意保加利亚以实物形式纳税而没有坚持收取黄金。他还允许保加利亚教会在由他任命大主教的前提下保持独立。由于实行仁政，挑战他统治的叛乱没有再次发生。然而，巴西尔二世死后，他的政策被推翻，他的继任者终将面临新一轮的不满和叛乱。

作为一名军人和征服者，巴西尔二世在他生命最后的日子里仍在征战，他在1021年至1022年攻占了伊比利亚、格鲁吉亚和亚美尼亚。在巴西尔二世的统治下，拜占庭帝国的领土几乎扩大了一倍，拜占庭被称为"横跨两大洲的超级大国"。

巴西尔二世曾计划进一步将领土扩张到西西里岛，但他于1025年12月离世，享年66岁。巴西尔二世是拜占庭皇帝中统治时间最长的一位，他死后本应装进精美的石棺，与其他皇帝一起安葬在君士坦丁堡的圣使徒教堂。但是，为了保持一贯的节俭作风，巴西尔二世要求把自己葬在城外一座更简朴的坟墓中。

巴西尔二世没有子嗣，他死后，他的弟弟君士坦丁八世继任皇帝。不幸的是，继任者并没有表现出巴西尔二世那样的决心和军事天赋，一两

▲ 虽然对一些人来说巴西尔二世是英雄，但对另一些人来说，他是邪恶的暴君

每组100人中有一个幸运儿可以保留一只眼睛，以便他能引领其他人回国。

代人后，巴西尔二世所取得的成果便付之东流，曾经伟大帝国的锦绣前程迅速化为泡影。

巴西尔二世的手段异常极端，今天人们对他的评价仍旧毁誉参半。他在现代希腊被尊为英雄人物，而在保加利亚则被视为卑鄙的恶棍。一些希腊文本和文学作品对巴西尔二世做出了正面描述，体现了对他和他执政时期的怀念。毕竟，他在巩固权力和扩张帝国领土方面所取得的成就很难不令人惊叹。

与此同时，对于保加利亚人来说，巴西尔二世是个怪物，"保加利亚屠夫"的绰号和他使约14000人致盲的事实证实了这一点。即使在今天，关于巴西尔二世的行径和他的遗产的争论仍在继续，这位传奇的拜占庭皇帝可以说是"一个人的英雄是另一个人的恶棍"的典型体现。

▲ 巴西尔二世亲政了近50年

极具影响力的拜占庭人

对语言学、法律、医学、建筑和宗教产生持久影响的八个拜占庭人

▲ 在贝利萨留斯手下任职 15 年的普罗科皮乌斯将他的军事功绩记录了下来

自恺撒以来，没有一位将军能以如此有限的人力和财力赢得如此多的胜利。

贝利萨留斯

505—565

贝利萨留斯是一名英勇的军人，更是一名优秀的将军，他名满天下、流芳百世

贝利萨留斯被视为拜占庭帝国最伟大的将军，他来自伊利里亚，出身卑微。虽然我们对他的早年生活知之甚少，但已知的是他出生于一个贫困家庭，在查士丁一世的军队中入伍。然而，他的军事实力和潜力没有因出身而被埋没，查士丁一世的继任者查士丁尼一世授予他全权指挥拜占庭军队的权力。贝利萨留斯亦不负众望。530 年，在达拉取得的胜利使他一举成为战斗英雄，随后，大败汪达尔人和东哥特人令他声名大振。事实上，历史学家杜兰特声称，"自恺撒以来，没有一位将军能以如此有限的兵力和财力赢得如此多的胜利"。532 年尼卡暴动时，贝利萨留斯受命率领反应部队镇压叛乱，战斗最终以屠杀抗议者告终。

他对皇帝尤为忠诚，对妻子安东尼娜的爱亦有目共睹。他的爱妻恰巧是狄奥多拉皇后的密友，由于这层关系，他在宫廷中享有一些特权，在年迈时得以保留为数众多的家族保镖。在贝利萨留斯死后的几个世纪里，他并没有被遗忘；事实上，他被称为"最后的罗马人"——这一称号认可他为最后一批展现罗马社会核心价值观的罗马人之一。

▲ 伊西多尔因教授立体测量学和物理学声名鹊起

米利都的伊西多尔

6 世纪

世界上最著名建筑之一的设计者

....

　　圣索菲亚大教堂以其令人惊叹的建筑和室内设计闻名全球，能够欣赏到这一伟大建筑，我们必须感谢米利都的伊西多尔。他和他的同伴塔拉勒斯的安特米乌斯运用他们的数学背景完成了皇帝赋予的使命——建造罗马帝国最伟大的教堂。537 年，他们取得了这一举世瞩目的成就。

　　教堂内部空间宽敞，高约 55 米，由四个三角形帆拱支撑巨大的中央圆顶。这是一项全新的发明，它将圆顶的重量放在一个巨大的方形平面上。然而，教堂在 557 年的地震中倒塌了。在经小伊西多尔（很可能是米利都的伊西多尔的侄子）设计改造后，新教堂更加稳固。

　　关于米利都的伊西多尔的其他信息我们知之甚少。事实上，那个时代的建筑师的名字得以流传至今已经非常罕见。伊西多尔的名字作为这座建筑的创造者之一被载入史册，在约 1500 年后的今天，圣索菲亚大教堂仍然备受崇敬。

圣罗曼努斯

6 世纪

为拜占庭教堂带来美妙音乐的作曲家

据说罗曼努斯不擅长读书，也不擅长歌唱。某年的平安夜，他在圣索菲亚大教堂尝试朗读圣诗时表现得非常糟糕，遭到牧师们的嘲笑。那天晚上，当他祈祷时，圣母玛利亚降临，赐予他一卷书。在遵照圣母的指示将书吃掉后，他突然间奇迹般地理解了音乐和赞美诗。

虽然我们不知道罗曼努斯确切的出生时间——只知道他在6世纪声名鹊起——但我们知道他出生在叙利亚的一个卑微家庭，在皈依基督教之前，信仰犹太教。

罗曼努斯给东正教留下的遗产不会被遗忘，他发明了"康塔基昂"，又名"吟诵布道"，为拜占庭教堂的礼拜仪式增添了诗意。据说，他创作了1000多首这样的赞美诗，其中包括《耶稣诞生》《圣殿献礼》《耶稣复活》。通过这些赞美诗，他探索了耶稣的生活。然而，其中只有不到100首流传了下来。

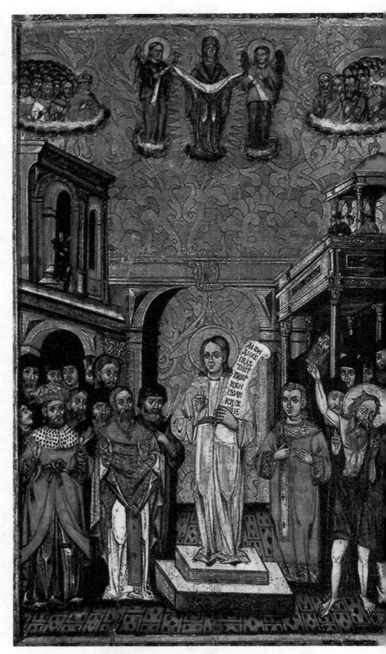

▲ 罗曼努斯在成为君士坦丁堡的牧师之前，曾在贝利图斯担任执事

埃伊纳岛的保罗

625—690

令世人得以窥见拜占庭医学和外科手术知识的医生

埃伊纳岛的保罗在《七书医学纲要》中对 7 世纪的医学和外科手术做出了详细说明。他在 7 世纪中后期的工作中，记录了几乎所有西方彼时已知的医学知识。

保罗的百科全书用希腊语写成，内容从麻风病、烧伤到致幻剂和毒液，无所不包。它被用作内科、外科医生的教科书长达 800 年之久。该书分别于 1528 年和 1538 年在威尼斯和巴塞尔再版。它的每一卷都专注于一个特定的主题，其中最著名的是重点讲述外科手术的第六卷。在书中，保罗概述了各种疾病的手术方法，并解释了他对每个切口的判断。

虽然保罗著作的大部分内容都得自于古代医学祖先，比如希波克拉底和盖伦，但他是缝合受损神经的先驱。他的著作影响了许多后世的医生。

▲ 已知最早的关于铅中毒的描述之一出自保罗之手

埃伊纳岛的保罗编撰的《七书医学纲要》——涵盖了从麻风病到毒液的所有医学知识——被用作内科、外科医生的教科书长达 800 年之久。

▲ 人们用希腊语、拉丁语和斯拉夫语为美多迪乌斯的葬礼诵经

圣美多迪乌斯

815—884

身为创造新字母的两兄弟之一，美多迪乌斯在他的弟弟西里尔死后继续致力于他们的事业

在东正教和罗马天主教教堂中，圣美多迪乌斯与圣西里尔一起被尊为圣人，他们共同创造了格拉哥里字母表。869年，西里尔死后，美多迪乌斯独自继续他们未完成的事业。在这对兄弟成功改变斯拉夫人的信仰后，教皇阿德里安二世派美多迪乌斯回到该地区担任大主教，整个摩拉维亚都被纳入他的教会控制中。

根据教皇的指示，美多迪乌斯继续用斯拉夫语传播基督教文献。但是，一群愤怒的德国主教逮捕了他并将他囚禁了两年半。然而，这并没有削弱他的决心，在被教皇约翰八世释放后，他继续向斯拉夫人传教。不过德国人也没有死心——由于教义上的分歧，他们试图再次逮捕美多迪乌斯，但美多迪乌斯在教皇面前为自己做出了辩解。再次回到他的大主教辖区后，美多迪乌斯的余生都致力于将《旧约》翻译成用他们兄弟二人创造的字母表所书写的斯拉夫语。

他用余生将《旧约》翻译成了用他创造的字母表所书写的文字。

▲ 西里尔和美多迪乌斯经常一起出现在画作中，因为他们共同创造了格拉哥里字母表

圣西里尔

827—869

他是美多迪乌斯的兄弟，也是和他共同创造新字母表的搭档

西里尔实际上出生在塞萨洛尼基，原名君士坦丁。他是一名军官的儿子，在七个兄弟中排行老幺。年轻时，他就是一位才华横溢的语言学家，后来他和他的哥哥美多迪乌斯共同创造了格拉哥里字母表——这使他们在基督教传播到该地区时得以将《旧约》翻译成斯拉夫语。格拉哥里字母表后来成为西里尔字母系统的基础，至今仍被用作俄语和其他斯拉夫语言的字母。

特里波尼安

约 470—541

一位与查士丁尼一世紧密合作的立法者

特里波尼安胸怀大志，并且毫无疑问实现了这些抱负。作为拜占庭帝国最著名的法律思想家之一，他以协助制定《查士丁尼法典》而著称。《查士丁尼法典》是一部由查士丁尼一世出资编纂的法条和司法解释的合集，于528—529年编纂完成。特里波尼安辉煌的职业生涯始于国务大臣，在529年9月升任司法部长时达到巅峰。

然而，在532年1月的尼卡暴动中，他因受到腐败指控而被免职，但这并没有妨碍他的工作。在离开聚光灯的这段时间里，特里波尼安继续致力于《查士丁尼法典》新版本的编纂和其他法律项目。535年，他以财务官的身份回归权力中心。在那之后，他再也没有走下权力神坛，直到541年离世。

尽管特里波尼安成就斐然，但后世对他的评价并不尽如人意。文艺复兴时期，人们认为他对《查士丁尼法典》和当时其他出版物中法条的修改毁掉了罗马法律。

> 然而，在532年1月的尼卡暴动中，他因受到腐败指控而被免职，但这并没有妨碍他的工作。

▲ 特里波尼安是美国众议院为其立有纪念牌匾的众多立法者之一

米哈伊尔·普塞罗斯

1018—1082

这位编年史作者向我们讲述了很多关于10—11世纪拜占庭皇帝的故事

作为一名历史学家和作家，米哈伊尔·普塞罗斯以撰写《编年史》而闻名。《编年史》是一部详细记录了976年至1078年拜占庭皇帝和皇后生活的传记文集。在这部作品中，米哈伊尔试图揭示巴西尔二世统治结束后帝国走向衰落的原因。

在开启君士坦丁堡宫廷职业生涯之前，米哈伊尔是一个神童。来到宫廷后，他很快晋升为皇帝的顾问，然而，并不是每一任皇帝都喜欢他。由于与君士坦丁九世意见不合，米哈伊尔离开首都，来到奥林波斯山成为僧侣——在这里，他被赐予修道名米哈伊尔，在这之前他一直被称为君士坦丁（他的洗礼名）。然而，他还是被皇帝召回了君士坦丁堡，并被任命为大学校长，头衔为哲学执政官。他把帝国的哲学观从亚里士多德式转变为了柏拉图式。

他的职业生涯并没有止步于此——在成为米哈伊尔七世的导师后，他升任帝国首席大臣。在此期间，他对帝国宫廷内部的了解对他撰写《编年史》大有裨益。

安娜·科穆宁

文学界的无冕之王
拜占庭最伟大的女作家的生平和作品

安娜·科穆宁（1083—1153）出生于君士坦丁堡大皇宫的紫色大理石房间，身为皇位继承人，她却从未继位。作为两个军事家族科穆宁和杜凯联姻的第一个孩子——得益于这次联姻，她的父亲阿列克修斯一世·科穆宁在1081年登上皇位——安娜享有显赫的地位和绝佳的机会。安娜年幼时，科穆宁王朝还羽翼未丰。她被视为理所当然的继承人，在君士坦丁堡接受最好的教育。成年后，她开始经营文学沙龙，钻研最新的修辞学、哲学和科学。安娜·科穆宁的学术圈在拜占庭首都发表的评论和编写的历史，充分展现了11世纪和12世纪东罗马精英的才华。安娜撰写的关于她父亲的历史记录向现代读者讲述了阿列克修斯一世和约翰二世（她曾企图推翻的弟弟）统治时期皇室关注的焦点和采取的行动。

皇宫中古老产房的紫红色石墙赋予了出生在这里的皇室成员紫衣贵族的称号，和在合乎要求的支持下，超越西方继承制和长子继承制（第一个出生的男性）发起皇位继承要求的社会认可。

安娜·科穆宁的两个行动决定了她的历史地位。第一个行动是她在父亲阿列克修斯一世死后试图为丈夫和自己篡夺弟弟的皇位。1087年，安娜的弟弟约翰出生后，阿列克修斯一世想要指定安娜和君士坦丁诺斯·杜卡斯为共同继承人，因此让二人订下婚约。然而，安娜并没有得偿所愿继承皇位。约翰身为阿列克修斯的儿子和紫衣贵族，长大后成为一名能力非凡的军事领袖，是12世纪拜占庭的一个重要人物。

> 斑岩是一种稀有而又昂贵的紫色石头，它被用来装饰皇室婴儿出生的特殊宫殿房间。

阿列克修斯一世·科穆宁

　　1081年4月复活节这天，33岁的阿列克修斯一世篡夺了尼基弗鲁斯三世的皇位，接管了一个因货币贬值而在经济上受到重创的破产帝国。这时的拜占庭由于皇位争夺而面临分裂，需要依靠土耳其和亚美尼亚盟友协助控制曾经的中心城市安纳托利亚。它也是土耳其入侵后，拜占庭人逃亡的目标城市。

　　在阿列克修斯一世漫长统治的第一个10年里，三面围攻令安纳托利亚的防御土崩瓦解，被拜占庭人称为"世界第三大城市"（仅次于君士坦丁堡和罗马）的安条克也最终失守。1092年，土耳其人查卡·贝从士麦那派出第一支土耳其海军，威胁首都君士坦丁堡，形势千钧一发。阿列克修斯一世不得不向西方求助，从而引发了第一次十字军东征。起初，阿列克修斯一世和十字军团结在帝国的旗帜下，开启了科穆宁王朝复辟行动，一起夺回了尼西亚、士麦那、富饶的米安德里弗河谷和奇里乞亚。然而，同盟在围攻安条克时瓦解，双方都把责任归咎于没有出战的阿列克修斯一世。

　　这场战争的影响是巨大的，出于对拜占庭不守承诺的不满，十字军开始在拜占庭帝国内建立自己的独立城邦。他们所带来的短暂和平让阿列克修斯一世得以改革货币制度，引入了新的20.5克拉的海佩伦（拜占庭货币）。新货币相当稳定地持续使用了200年。在保全了这个延续了一个世纪的王朝后，阿列克修斯一世自然死亡。

▲ 阿列克修斯一世作为专制君主，成功恢复了金本制并铸造了海佩伦

安娜·科穆宁是整个中世纪唯一一位撰写历史的世俗欧洲女性。

19世纪艺术家对安娜口述《亚历克西亚德》场景的视觉再现

▲ 阿列克修斯一世向基督献上他收集的反异教文本（梵蒂冈手稿）

在阿列克修斯一世临终时，约翰击溃了安娜和她母亲的联合部署，从生病的父亲手上取下皇帝图章之戒，被人民拥立为皇帝。然而，安娜认为自己"在各方面都像极了父亲"，一年后，她再次尝试篡位，暗杀约翰。行动失败后，她被囚禁在首都的圣母蒙大恩者修道院内，远离政治事务。

如果安娜没有实施第二个行动，这些历史事件就不会为后世所知。安娜运用高超的文学技艺，倾注大量时间完成了一部向荷马的《伊利亚特》致敬的史诗级著作《亚历克西亚德》。这部作品讲述了她父亲统治时期的逸事，巧妙地捕捉了父亲从少年时代到临终前的生活，详细描述了他与入侵的诺曼人、土耳其人和多瑙河以北的佩切涅格游牧民族的斗争。对安娜来说，在阿列克

拜占庭的女皇们

安娜·科穆宁因丈夫尼基弗鲁斯·布里尼奥斯拒绝挑战约翰二世的皇位而感到失望。她相信自己作为女人也可以在父亲死后统治君士坦丁堡。拜占庭的皇位继承制复杂多样，只需君士坦丁堡和教会的支持，女人也可以继承皇位。紫衣贵族的身份有助于坚定她是天选统治者的信念——当马其顿王朝失去男性继承人时，佐伊和狄奥多拉被推上皇位；1067年，欧多西亚从丈夫手中继承帝国，为儿子们摄政。这些女性无疑是安娜想要效仿的对象。

因为她们的皇室血统，君士坦丁堡的臣民热情地接纳了佐伊和狄奥多拉，并团结起来反对所有排挤她们的企图。佐伊连续帮助三任丈夫成为共治皇帝——当其中一人试图废黜她时，整个城市联合抗议。米哈伊尔·普塞罗斯——11世纪中期宫廷斗争的消息人士——把这段时期的宫殿称为"gynaeconitis"——"女人的房间"。他以奇怪且有些不讨好的方式讲述了佐伊如何把所有时间都花在了香水制造上：她用巨大的火盆将液体煮沸，过程中产生的大量蒸汽在冬天也

能把宫殿烘热；她还用药膏让她的脸在72岁时仍毫无皱纹。无论如何，姐妹二人都深受人民爱戴，这进一步证明了，无论性别，民众的支持都可以帮助紫衣贵族得到皇位和权杖。

▲ 皇后佐伊皈依基督教。她共有三段婚姻，画上她丈夫的脸变换了三次

▲ 圣索菲亚大教堂内安娜的弟弟约翰二世的马赛克肖像

修斯一世在位的37年间，他一直是国家前进的灯塔，他的离世无论对安娜个人还是对拜占庭人民来说都是毁灭性的打击。虽然对约翰来说有些不公平，但安娜对他的评价是：人们现在正忍受"皇位继承人的愚蠢"。

《亚历克西亚德》既是史诗，也是军事历史，它的存在使安娜成为第一个用欧洲语言书写历史的女性，也是唯一一个在中世纪书写历史的世俗欧洲女性。《亚历克西亚德》是用古希腊文书写的，直到至少12世纪40年代才最终完成。它展现了独特的拜占庭视角——不仅是一位公主对她父亲的歌颂，还是对东西方基督教和伊斯兰教步入更广泛的交流、冲突和融合的描述。

自11世纪50年代以来，拜占庭东部省份不断遭受土耳其人的袭击。1071年曼齐刻尔特战役后，局势开始迅速恶化，罗曼努斯四世被俘，臣服于苏丹阿尔普·阿尔斯兰（土耳其语，意为"英勇的狮子"）。随后，内战爆发，皇位觊觎者们聘用土耳其雇佣军作战，而土耳其人进一步向拜占庭移民。截至1081年，内战中失利的贵族们已使拜占庭丧失了接近一半的领土。这就是阿列克修斯一世继位时的拜占庭。安娜——效仿希罗多德和修昔底德的古老风格——在《亚历克西亚德》中"讲述了我父亲的事迹，因为它们不应该在沉默中消失，或随着时间的洪流被冲入遗忘的海洋"。

安娜将父亲作为叙事的中心人物，把他描绘成像奥德修斯一样机智的古典英雄，在暗潮涌动的国内局势中抗击外敌。同时，她也向我们讲述

> 据信，安娜在55岁时开始创作《亚历克西亚德》，它共分为15卷和一部序言。

了当时的拜占庭人对外部世界的看法。

历史学家认为安娜的类比极其微妙。奥德修斯在回家的漫长旅途中缺乏远见，比起制订长期计划，更善于在经历各种打击时迅速反应处理危机。这一主题也成为《亚历克西亚德》的主线——阿列克修斯一世面临重重考验，处变不惊、化险为夷。除了对"ta pragmata"（国家事务）这一抽象概念的保护之外，阿列克修斯一世几乎没有施行其他的长期政策。

假如《亚历克西亚德》创作于11世纪之前，它对国际局势的描述将不会如此丰富。然而，十字军东征时代始于阿列克修斯一世，少女安娜目睹了十字军东征的全过程。她的文本因对这一历史事件的深入探讨而极具价值。在文中她描绘了数以万计的西欧人（拜占庭人称他们为拉丁人）史无前例地涌入君士坦丁堡，抵抗土耳其军队，并为夺回耶路撒冷浴血奋战。据安娜的描述，"人数超过海滩沙砾和天上星辰的大批平民……全力向我们拥来，如同蝗虫过境"。法兰克天主教国家趁机在东方拜占庭建立了十字军政权，共处中文化冲突不可避免。此外，安娜还在书中描述了她对西方十字弩的迷恋，和西方牧师与士兵并肩作战的惊人习俗。

然而这些描述与她对安条克的博希蒙德的描写相比黯然失色。这个诺曼十字军将军攻占了安条克，并致力于实现他父亲征服拜占庭巴尔干半岛的梦想，是叙事中阿列克修斯一世的宿敌。1108年，博希蒙德用安娜称之为"极其肮脏，但却极其巧妙"的手段，将早期十字军精神扭曲为对抗拜占庭人的战争。

安娜对双方的斗智斗勇和阿列克修斯一世如何最终取胜的描述非常成功。然而，《亚历克西亚德》也有缺点，例如，安娜省略了她父亲在十字军东征起因中扮演的角色。书中没有提及现代

▲ 1071年，拜占庭在曼齐刻尔特战败，引发了大规模土耳其移民潮

历史学家所知的阿列克修斯一世与弗兰德斯伯爵之间的书信往来。在信中，阿列克修斯一世请求西欧骑士加入濒临瓦解的拜占庭帝国军队，助其对抗土耳其人。然而，为了保护阿列克修斯一世的名誉免受十字军东征破坏性后果的影响，安娜对书信的内容只字未提。

然而这并不影响安娜运用独特视角捕捉拜占庭所卷入的战争，她在书中向读者讲述了陪同父亲经历的多场战役。流放修道院似乎既没有阻碍她与来访拜占庭的老兵交流，也没有将她与政治活跃的丈夫分离。在她的未婚夫过早离世后，安娜嫁给了被授予古老恺撒头衔的尼基弗鲁斯·布里尼奥斯——他作为将军和公使为科穆宁皇室效忠，直到12世纪30年代离世。

布里尼奥斯是一名历史学家，他流传下来的四本书（西方有法语版本）对他妻子的创作产生了至关重要的影响。甚至有人猜测，安娜写《亚历克西亚德》很可能是受到布里尼奥斯生前没能完成的拜占庭史书的启发。公主可以支配的资源非常庞大，而这本书留给后世的另一个巨大财富就是安娜将官方文本完整融合的习惯。例如，安娜引用的《迪亚波利斯条约》——迫使战败的博希蒙德宣誓效忠阿列克修斯一世的协议——概述了博希蒙德统治的城镇的状况，是帝国管理和治理路线的丰富信息来源。然而，这对夫妇叙事风格迥异，布里尼奥斯的书中通常不会提及这样的细节，他描述的是将阿列克修斯一世推上权力高位的贵族家族危机。

在目击者视角和帝国官方资源的支持下，安娜的叙述和对文学体例的运用，在拜占庭时期几乎无人能敌。《亚历克西亚德》想要展现的核心思想很可能是在与十字军国家博弈数十年后，科穆宁皇室希望在12世纪40年代如何铭记阿列克修斯一世。然而，《亚历克西亚德》对今天的历史学家的意义在于作者通过细节所做出的专业研究，至于安娜故意遗漏的信息，通过其他资料我们可以了解到她想要隐瞒的内容。

在此之前，拜占庭曾经有过女性统治者，但从未出现过受过如此良好教育、拥有如此充裕时间和社会地位的女性。她的作品见证和记录了拜占庭社会对西方发展的认知。此外，《亚历克西亚德》的史诗叙事还赋予了它永恒的品质。安娜虽然没有成为女皇，但她为后世留下了自己的遗产。在她与弟弟约翰和解后，约翰委托宫廷诗人为她的孩子与外国皇室的婚礼写诗。然而，诗中带有些许讽刺的意味：

还有你（安娜），我甚至不知道该如何称呼你。最神圣的紫衣贵族，快乐吧，和博学的恺撒一起，再次快乐吧。看啊，你的愿望实现了，你的欲望满足了。你看到你的儿子兴高采烈地带回新娘，被授予皇冠，接受元老院、人民和神职人员的祝福，由昨天还在接受胜利欢呼的叔叔和皇帝陪同完成婚礼。

▲ 艺术家对博希蒙德攀爬安条克高大城墙的想象

宗教

新罗马的宗教

基督教如何定义和分裂拜占庭帝国

直到今天，阿索斯山仍然
是东正教的精神中心

语言差异是罗马帝国东西部基督教出现最早、最持久也是最明显的不同。罗马帝国西部使用拉丁语，东部则使用希腊语。帝国东西两部的人民用各自的语言交流、礼拜、思考、争论和祈祷，有着来自两种不同语言的不同世界观和想象。事实上，语言差异日久年深，当意大利南部的许多村庄再次被拜占庭帝国的皇帝查士丁尼征服后，村民们开始使用希腊语并一直持续到20世纪，这些村庄可谓是拜占庭文化在拉丁西方中心的飞地。

公元元年后最初的几个世纪里，语言并不是太大的问题，因为大多数人都能说拉丁和希腊两种语言，但到了圣奥古斯丁——西方拉丁语国家最有影响力的教父，他本人从未精通希腊语——

时代，语言上的差异已经变为一道难以逾越的鸿沟。随着君士坦丁堡东罗马帝国首都地位的确立，语言上的分裂更为普遍深入。476年，西罗马帝国最后一位皇帝罗慕路斯·奥古斯图卢斯被废黜，君士坦丁堡成为罗马唯一在世统治者的所在地，此时皇帝和他的大多数臣民都说希腊语，语言差异持续扩大。

但作为皇帝治国的所在地，君士坦丁堡需要一位在身份地位上与它相匹配的主教。基督教会最古老和最权威的主教区是罗马、安条克和亚历山德里亚教区。耶路撒冷作为耶稣受难地和复活地享有殊荣，但这座城市在2世纪的犹太战争中被摧毁。拜占庭迁都君士坦丁堡后，这里的主教被称为与罗马、安条克、亚历山德里亚和耶路撒

西方对文艺复兴和巴洛克风格的使用加大了教堂宗教形象之间的差异。

▲ 圣维塔莱大教堂狄奥多拉皇后的马赛克肖像

冷一样的牧首，并被视为地位仅次于罗马主教的第二大权威主教。对于讲希腊语的教会来说，五大教区在地位上是平等的，罗马主教占据首位。然而这只是君士坦丁堡主教一厢情愿的想法，罗马主教未必认同。拜占庭东正教在过去和现在都是自治的国家教会，他们用母语祈祷和礼拜。

7世纪，伊斯兰世界出兵攻打罗马，五个教区中的三个——安条克、亚历山德里亚和耶路撒冷——落入穆斯林之手，只剩罗马和君士坦丁堡得以保全。皇帝认为他所任命的君士坦丁堡牧首应该在精神领域拥有和他在世俗领域一样至高无上的地位。各种差异最终导致了1054年基督教的教会大分裂。

如果没有日积月累的文化和宗教差异，分裂不会一直持续。在早期的几个世纪里，无论礼拜语言是希腊语还是拉丁语，教堂内外看起来都大同小异，不同之处在于圣餐使用发面面包还是死面面包——东部使用发面面包，西部使用死面面包——以及8—9世纪对圣像崇拜的争议。东方教会内部对圣像和画作是否违反十诫中反对偶像崇拜的诫命存在分歧，因而导致了分裂。尽管圣像崇拜最终得以恢复，但这场从未影响到西方教会的争议却加深了东西教会之间的裂痕。虽然在第一个千年里，东西教堂的差异相对较小，但从中世纪盛期开始，与东方教堂的肖像画相比，西方宗教艺术家们所创作的作品更加崇尚自然主义。西方对文艺复兴和巴洛克风格的使用加大了教堂宗教形象之间的差异。走进今天的东正教教堂，随着应接不暇的圣像映入眼帘，游客似乎可以穿越时间体会东正教神圣崇拜的永恒表达。

修道院生活在过去和现在都是东方教会精神生活的核心表现形式。与西方教会五花八门的规则不同，东方僧侣都遵循圣巴西尔大帝制定的规则。修道院，其中最主要的是阿索斯山上的修道院，在东方教会中享有最高的宗教权威。这些修道院反对异教，为教徒提供强大的精神支柱。

帝国最伟大的艺术

仔细品味圣维塔莱大教堂最精美的马赛克

圣维塔莱大教堂后殿拱顶的马赛克

后殿拱顶的典型形象是没有蓄须、身着帝王紫华服，坐在蓝色球体上，左手持带有七封印的《启示录》卷轴，向圣维塔利斯授予殉道者王冠的基督。圣维塔利斯的长袍和鞋子细节更为精致。据说，这位拉韦纳最著名的圣人之一就葬在这里。马赛克上每块大理石的镶嵌角度都有所不同，使得光线不断照射将主体渲染得更为生动。

拉韦纳的赞助人

圣维塔莱大教堂不同于意大利的其他教堂。埃克莱修斯以最新的君士坦丁堡式设计为蓝本，在大约525年建造了它，当时拉韦纳还在阿里乌斯派东哥特人的统治之下，540年，拜占庭帝国才重新将其征服。在战争中发家的银行家朱利安·艾金塔留斯为6世纪拉韦纳艺术的爆发式发展提供了大量资金。教堂的地理位置使它得以延续辉煌。拉韦纳曾是帝王的居所，但随着军事港口淤塞，这座城市迅速衰落，在8世纪后丧失了战略地位。

查士丁尼大帝

教堂后殿下方，是皇帝查士丁尼一世带领一群朝臣和军事领袖共进圣餐的图景。查士丁尼一世身着全套礼服，头戴镶有红宝石和珍珠的冠冕，手里拿着盛面包的金色盘子。他的白色束腰衣外披着斗篷，斗篷上别着领针，最外面是帝王紫色长袍，脚上穿的是皇帝专用的红紫色拖鞋。人物身上的塔布里昂代表着地位——查士丁尼一世的刺绣是金色的，而他的朝臣的则是白色上印有紫色。

描绘皇帝的镶嵌画

6世纪的拉韦纳有两种不同的艺术风格，第一种是这幅画里所使用的——用金色作背景，将玻璃块独立镶嵌，使主体的皮肤通过反射和折射光线营造出动态的表情。经过化学测试，我们知道所有6世纪的圣维塔莱马赛克都使用了同一来源的玻璃，在运到拉韦纳后再对其进行不透明化和上色处理。请仔细观察游行队伍的领路人——埃克莱修斯的继任者、马克西米安主教的蓝色眼睛和锐利目光。

狄奥多拉

正对着查士丁尼一世的是一幅描绘狄奥多拉游行队伍的马赛克。狄奥多拉是查士丁尼一世既受称颂又遭唾弃的皇后，据她的批评者所言，她从街头表演者和女演员一跃成为皇后。据说，当尼卡暴动威胁要废黜这对夫妇时，她说她宁愿置身为皇室死去也不愿被剥夺身份活着。画中狄奥多拉身着帝王紫，一群太监和女贵族正献上祭酒，等待神父祝圣后化为基督之血。

狄奥多拉的光轮

查士丁尼和狄奥多拉从未到过拉韦纳——拜占庭帝国皇室很少像他们这样专制并与军队不睦，为什么他们的画像会出现在这个遥远的地方？君士坦丁堡的资料从没提到过圣维塔莱，为皇帝塑像很可能是为了加强当地主教的权威。根据查士丁尼改革对皇权的法律定义，皇权来自上帝，帝国的等级划分不仅仅在于职位上的区别。这就是为什么他们的头上会有光轮。

圣坛

在教堂的圣坛，马赛克的主题一般是奉献和牺牲。在帝国圣餐和埃克莱修斯出场后，这里的墙壁展示了《创世纪》中的场景，拱顶处祭品的中心是神秘羔羊。将基督描绘为羔羊的做法始于 3 世纪，但是，在692 年的特鲁洛会议上，出于"要展示完美的基督形象"而被东正教禁止。

皇帝的大理石雕像

教堂八角形双壳结构的灵感来自首都君士坦丁堡。制作雕像的大理石是从马尔马拉海的普洛克涅苏斯岛开采的，那里距离君士坦丁堡只有 75 英里 ① 。至于大理石是在运输前雕刻的，还是就地雕刻的，人们的意见仍存在分歧。

———

① 1 英里约为 1.6093 千米。

教会大分裂

今天，全世界有超过 40 个不同的基督教教派，但 1054 年的教会大分裂是教会史上历时最长且最为血腥的分裂

11 世纪初，基督教已无处不在，其信徒达到 5000 万人。然而，仅仅几十年后，由于内部一些分歧，基督教便一分为二。基督教如何因看似微小的细节而分裂？

基督教内部的分裂屡见不鲜。343 年至 398 年曾发生过一次小规模分裂；当时阿里乌主教的追随者大肆宣扬耶稣在被圣父创造之前是不存在的。这一说法实际上使耶稣成了上帝的从属，在 325 年的第一次尼西亚会议上被宣布为异端邪说。然而阿里乌派仍然盛行了一段时间，君士坦丁一世还接受了阿里乌派主教的洗礼。404 年，君士坦丁堡大主教约翰·克里

拉丁语"cathedra"的意思是"座椅"。教皇在座椅后发表讲话的意思是在任期间发表官方讲话。

▲ 像许多教皇一样，维吉里乌斯从未学过希腊语。语言障碍是造成分裂的主要因素

索斯托因批评皇后而被拜占庭皇帝阿卡狄乌斯驱逐。这一裂痕在415年得到修复，但东西教会之间的短暂分裂仍经常发生。虽然每次双方都能找到和解的办法，但在1054年大分裂之前的五个世纪里，教会共计分裂了231年!

所有分歧的根源都可以追溯到罗马帝国的解体。285年，罗马帝国的版图已经大到无法通过一个首都进行有效统治，因此戴克里先皇帝把罗马一分为二。东部由后来成为君士坦丁堡（现在的伊斯坦布尔）的拜占庭统治。西部由原首都罗马统治，但西罗马帝国的统治没有持续多久。日耳曼和法兰克部落控制了西欧，476年，奥多亚克征服了意大利，西罗马帝国覆灭。

与此同时，教会在一系列牧首的组织下建立起来。五大教区分别是：安条克、亚历山德里亚、耶路撒冷、君士坦丁堡和罗马教区。从理论上来说，牧首们是平等的，但实际上君士坦丁堡

造成教会分裂的赝品

1053年，当教皇利奥九世宣称对所有基督教会享有最高权威时，他以一份名为《君士坦丁赠礼》的手稿为其正名。这是君士坦丁一世在4世纪颁布的一项法令，它授予罗马教皇凌驾于"亚历山德里亚、安条克、耶路撒冷和君士坦丁堡，以及上帝在全世界的所有教会"之上的至高无上的权力。据说，君士坦丁赋予罗马教皇如此权力，并赠予欧洲、中东和北非重要土地，是为了感谢西尔维斯特一世治愈了他的麻风病。但是有一个问题：手稿是假的。它是8世纪教皇司提反二世为了增加与查理曼大帝之父矮子丕平的谈判筹码而写的。

15世纪中期，学者们开始怀疑它是赝品。天主教神父洛伦佐·瓦拉最终证实了这一点。在对文本中使用的语言进行了详尽的研究后，他指出了其中包含的在其他任何4世纪文献中都没有使用过的单词和习语。瓦拉认为，不符合年代的用词如此明显，教会不

可能完全被蒙在鼓里。现代学者认为，教皇利奥九世可能确实相信这份文件的真实性。值得注意的是，因为瓦拉受雇于正与教皇国陷入领土争端的阿拉贡的阿方索五世，所以几个世纪以来，天主教会一直压制瓦拉的发现，但他们最后还是承认了该手稿是伪造的。

▲ 这幅13世纪的壁画描绘了皇帝君士坦丁向教皇西尔维斯特一世的赠礼

▲ 404年，君士坦丁堡大主教约翰·克里索斯托因批评皇帝妻子奢华的生活而引发了一场小规模分裂

和罗马的牧首更有影响力，因为这两个教区分别是东西罗马帝国的首都。由于地理原因，罗马牧首也是西罗马唯一的牧首，当西罗马帝国覆灭后，罗马牧首——后来被称为教皇——只负责东罗马帝国领土以外的教堂，但理论上他仍然向东罗马皇帝负责。双方对此都感到不满。直到8世纪，罗马新牧首的任命都需要得到东方皇帝的批准。虽然只是走个形式，但从6世纪开始，罗马教皇越来越不愿意接受来自东方皇帝的干涉。为了解决这个问题，西方教会开始寻找自己的世俗领袖。800年圣诞节，教皇利奥三世加冕查理曼为

> 在君士坦丁统治结束后的最初几个世纪里，生活在拜占庭的人们仍称自己为罗马人。

神圣罗马帝国皇帝。这一举动使教皇有效脱离了君士坦丁堡伊琳妮女皇的管辖。教皇行事越来越狂妄，表现得似乎比其他牧首更有权威。

另一个导致分裂的元凶是语言差异。东罗马帝国在外交活动和宗教仪式中使用希腊语。但在西方，几乎没有人说希腊语。他们使用在东方几乎没人能听懂的西罗马帝国的拉丁语。语言的差异造成了文化上的隔阂，宗教仪式上的细微差异被忽视了。随着时间的推移，希腊语和拉丁语宗教活动的差异逐渐加大，这些细微差别最终演变成了主要的教义症结。

《尼西亚信经》就是一个重要例证。这一基督教信仰宣言的文本是在325年的尼西亚会议上达成共识的，56年后在君士坦丁堡会议上略有修改。589年，西方教会修改了信经，称圣灵来自圣父和圣子，为其"共发"，即圣灵由圣父和圣子共发。

因为修改后的文本是拉丁语，而且只在西方教会使用，所以直到7世纪，东方教会才真正注意到这一变化。君士坦丁堡牧首保罗二世指责教皇狄奥多尔一世违反431年做出的永不修改或增加《尼西亚信经》的规定。作为回应，教皇狄奥多尔宣布将保罗二世逐出教会。随后双方开始了一系列针锋相对的谴责。狄奥多尔一世的继任者教皇马丁一世一上任就指责东方教会的另一个教义为异端邪说（"耶稣基督只有一种意志，而不是人和神的意志的结合"）。为此，君士坦丁堡的大主教将他绑架、折磨并流放。双方教会成员都曾多次试图弥合这一裂痕，但收效甚微。这一分歧被归咎于信经希腊文和拉丁文版本之间的细微翻译错误。有人认为，这一变化是澄清，而不是修订，所以没有违反规定。但当查理曼大帝在800年被加冕为神圣罗马帝国皇帝时，法兰克人成为信经修改的最忠实的拥护者，因为他们正在寻找指责东方教会为异端邪说的借口。从795年到1014年，信经在拉丁语弥撒中从来没被宣读过。

11世纪40年代，诺曼人征服了拜占庭统治下的意大利南部，用他们的西方主教取代了东方主教，教堂礼拜仪式用语也突然从希腊语变为拉

今天，世界上有近4亿东正教徒。他们是仅次于罗马天主教的第二大基督教团体。

▲ 圣索菲亚大教堂被打断的一场礼拜引发了一场持续近千年的争论

▲ 塔兰托的博希蒙德在第一次十字军东征期间野蛮攻占安条克，加深了罗马和希腊教会之间的敌意

▲ 查理曼大帝是一位虔诚的天主教国王，772年，他帮助教皇阿德里安一世保卫罗马，抵御入侵者

ΗΟΥΝΟΔΟΤΩΝΑΓΠΑΤΕΡΩΝ

▲ 君士坦丁一世（中）手持《尼西亚信经》

丁语。礼拜仪式、斋戒日时间甚至圣餐用的面包都变了，当地民众感到十分困惑。当他们向君士坦丁堡的牧首米恰尔·色路拉里乌斯申诉后，他关闭了君士坦丁堡所有的拉丁教会。

这一举措使争论升级。1053年，大牧首色路拉里乌斯用希腊语给意大利南部普利亚大区的西方教会主教写了一封公开信，谴责他们转用拉丁语的做法。希

尔瓦坎迪达的红衣主教亨伯特是教皇在东方教会事务上的顾问，他得到了这封信的副本，把它翻译成拉丁语，拿给了教皇利奥九世。作为回应，教皇写了一封长达41章的信，声称自己是使徒彼得的继承人，因此对所有基督徒及其主教拥有至高无上的权威。亨伯特被任命为教皇公使馆的负责人，奉命将这封措辞激烈的信件交给君士坦丁堡的色路拉里

> 1274年的里昂会议几乎重新统一了东西教会，但短暂的统一被更多的东方神职人员拒绝。

▲ 后世通常把利奥九世视为制造分裂的元凶，但在他之前和之后的许多教皇也都对分裂负有责任

乌斯大主教，同时他还把一封措辞更友好、更温和的信交给东罗马皇帝君士坦丁九世，希望得到他的同情。亨伯特于 1054 年抵达君士坦丁堡时，受到了皇帝的热烈欢迎，但他与大主教的首次会面迅速演变为争吵，最后亨伯特愤然冲出宫殿。此后，米恰尔·色路拉里乌斯拒绝与他们再次会面，使节们在君士坦丁堡怒不可遏地度过了几个月的时光。

1054 年 7 月 16 日，亨伯特终于受够了，他带领使节冲进正在举行神圣礼拜仪式的圣索菲亚大教堂，把将米恰尔·色路拉里乌斯逐出教会的教皇诏书（来自教皇的法令）甩在了高坛上。教堂里一片哗然，消息传开后，骚乱爆发。亨伯特和他的使节勉强逃脱。不久后，拜占庭举行宗教会议，宣布将他们全部逐出教会。

这一重大事件被视为东西教会正式分裂的开始。但就双方发生的所有戏剧性事件而言，相互开除会籍只是故作姿态。首先，当亨伯特在君士坦丁堡等待会面时，教皇利奥九世已经去世。教皇公使馆的权力不会在上任教皇死后自动延续到

▲ 1445年，代表们前往佛罗伦萨为实现重新统一展开谈判。1453年，君士坦丁堡的陷落粉碎了这一希望

下一位教皇的任期，而且下一任教皇（维克托二世）是在第二年才选举出来的。所以亨伯特的驱逐令是无效的。而且，亨伯特所做的也只是将米恰尔·色路拉里乌斯逐出教会，而不是罢黜他君士坦丁堡大主教的职位。同样，对亨伯特和其他使节的驱逐也根本没有波及教皇。

这次冲突似乎并不比以往的分歧严重，然而，它却使双方陷入困境，无法弥合。那么它有

什么不同之处呢？答案是它直接危及尊严。当时教皇去世的消息已经传到君士坦丁堡，因为米恰尔·色路拉里乌斯在反驳将他逐出教会的诏书时曾经提到这一事实，但他似乎没有意识到这意味着亨伯特是无权这么做的。但这并不重要，因为色路拉里乌斯无意修补裂痕。他的教会和他的职位受到侮辱，他要报复。

不幸的是，其他东方牧首对色路拉里乌斯的

支持比他预期的要少。安条克和耶路撒冷的牧首都支持罗马教区，拒绝参与君士坦丁堡煽动的针对西方教会的复仇计划。这次分裂本可以像其他分裂那样，在大约50年后慢慢息事宁人。然而，教皇乌尔班二世在1095年发起了第一次十字军东征。表面上，这场战争的目的是让基督教恢复对耶路撒冷的控制，但实际上，教皇乌尔班二世希望重新团结基督教会，并使罗马教会成为其领袖。第一次十字军东征最终在1099年夺回了耶路撒冷。然而它非但没有统一教会，反而加深了东西教会的裂痕。一方面，十字军攻占安条克后，在屠杀穆斯林的同时，还屠杀了大批居住在那里的拜占庭基督徒；另一方面，东罗马皇帝阿列克修斯一世派出的援兵没能抵达安条克协助十字军守城，因为在途中遇到的基督徒逃兵告诉皇帝，安条克已经被穆斯林重新夺回。十字军在安条克的首领塔兰托的博希蒙德以这个所谓的背叛为借口，霸占了安条克，而没有遵守最初的协议将它归还拜占庭。

简而言之，教会大分裂始于误解和狭隘的野心，之后由于同样的原因未能弥合裂痕。乌尔班二世后的连续12任教皇都未采取任何行动统一教会，东西方之间的文化和种族差异持续扩大。希腊和拉丁社区在君士坦丁堡不稳定的休战状态下共同生活。12世纪，拜占庭皇帝曼努埃尔一世娶了一位拉丁妻子——安条克的马利亚。1180年，曼努埃尔一世去世后，马利亚成为摄政皇太后，掌权后，她立即开始支持住在君士坦丁堡的威尼斯商人（他们是拉丁人）。两年后，她被愤怒的希腊人推翻，总计6万名拉丁居民或被屠杀，或被卖为奴隶，或被迫逃离。1185年，拜占庭人的厄运降临了，诺曼骑士入侵希腊，洗劫了塞萨洛尼基城。7000多名希腊人丧生，其中大部分是平民。不到10年，第四次十字军东征的军队以更残暴的手段洗劫了君士坦丁堡。在3天的时间里，成千上万的平民被杀害，教堂被劫掠，圣坛被摧毁，修女被强暴，艺术品被盗窃。

今天，新教和天主教之间的教义差异比罗马天主教和东正教之间的差异要大得多，但这些教会积极寻求共同之处。教义上的分歧只是一种更为根本的隔阂的延续。塞萨洛尼基和君士坦丁堡大屠杀不是大分裂的原因，只是它的表现。由于采用了不同的语言和宗教习俗，东西教会渐行渐远。但因敬拜同一位神明，他们又时常陷入冲突。

当酵母和西方相遇

天主教和东正教之间争论的焦点之一是在圣餐仪式上使用哪种面包。在西方，人们习惯在圣餐仪式上食用死面面包，因为他们认为这是耶稣在最后的晚餐上最有可能吃的面包。东正教则认为死面面包与犹太教有关，所以他们选择在教堂做礼拜时食用发面面包，以便和犹太教的习俗加以区分。11世纪，这一差异被用作分裂东西教会的借口。关于酵母如何代表复活的基督存在各种雄辩的理由。东正教徒称天主教徒为"azymites"（希腊语，"没有酵母的"），而天主教徒则称东方基督徒为"发酵者"。大牧首米恰尔·色路拉里乌斯声称法兰克人使用面粉和水制成的圣餐薄饼根本不是面包，因此只能象征没有灵魂的基督。15世纪，东正教会开始承认两种面包都可以接受。但事实证明，这一习俗很难改变，大多数东方教会的圣餐仍在使用发酵面包。

▲ 研究圣经的学者们对最后的晚餐吃了什么存在意见分歧，但他们应该都认为不是圣餐薄饼

西蒙岩修道院

1257 年

　　西蒙岩修道院的白色墙壁优雅地依附于陡峭的岩壁，高悬在汹涌的波涛之上。这座多层建筑是 13 世纪为了纪念耶稣诞生，由阿索斯山的西蒙建造的，它被视为"半岛上最大胆的建筑"。1364 年，塞尔维亚贵族约万·乌格列沙将它扩建，他也因此被视为修道院的第二位创始人。

　　每天，僧侣们都会在镶嵌有拜占庭和古希腊哲学家壁画的餐厅里吃上一两顿简单而营养丰富的餐食。他们的饮食以素食为主，受到东正教斋戒规则的严格约束——每周一、三、五，只提供一顿素食餐，餐食中不使用橄榄油和葡萄酒。鱼只能在宴会和假日时吃，肉类则完全禁止。厨师们将遥远家乡的味道注入每一道菜中，用欧芹、甜胡椒、肉桂和孜然调味，制成包括蔬菜、豆类、意大利面和章鱼在内的地中海式菜肴。在准备每一餐之前，西蒙岩修道院的厨师们都会向圣母玛利亚和厨师的守护神圣尤弗罗西努斯祈祷。

　　餐间的间隔时间，僧侣们会练习礼拜仪式上的唱诵经文。西蒙岩修道院唱诗班在拜占庭音乐界享有盛名，它发布了一张教会圣歌专辑，获得了广泛赞誉。

阿索斯山上的修道院

拜占庭修道之火熊熊燃烧的神圣半岛

阿索斯山位于希腊北部，是一片指向爱琴海的手指状岩地，自10世纪以来一直是东正教的中心。一千多年来，这个神圣半岛上高耸的悬崖和芬芳的栗树林一直是修道群体、寻求庇护人士和隐士的家园。

如今，阿索斯山上分布着20座大型修道院——17座希腊修道院、1座俄罗斯修道院、1座保加利亚修道院和1座塞尔维亚修道院。它们一起构成了拜占庭传统的时间胶囊，使在这里修行的僧侣和上帝之间免于一切干扰。从一开始，除了猫之外，女性和所有雌性动物就都被禁止进入圣山。那时的僧侣们还要保护他们的避难所不受海盗、天主教十字军和奥斯曼帝国机会主义者的侵扰。

阿索斯山在希腊语中被称为圣山，自从972年约翰一世·齐米斯基斯皇帝签署第一部宪法以来，这座占地33000公顷的圣山就一直是半自治的。从那时起，它的管理机构，即神圣社区便是世界上持续工作时间最长的政府之一。今天，来自希腊、罗马尼亚、格鲁吉亚、保加利亚、俄罗斯、塞尔维亚、英国、美国和澳大利亚的2000名僧侣团结在拜占庭国旗的双头鹰下，共同居住在阿索斯山。他们在精神渴望的驱使下，从世界各地来到这里，投身于拜占庭历史悠久的仪式和他们认同的基本美德：守贫、禁欲和服从。

潘多克拉托罗斯修道院

1357 年

潘多克拉托罗斯修道院紧靠岩石海岸，由分别是拜占庭高级军官和文官的阿列克修斯和约翰兄弟于 14 世纪建造。它的墙壁由手工切割砖块拼接而成，上面点缀着蛋壳蓝和陶土。

在这里及整个阿索斯山，僧侣们都遵循拜占庭的太阳钟，每天从日落开始。午夜刚过几个小时，僧侣们就起床独自祈祷。之后，木锣的回声会穿过迷宫般的通道，召唤他们去做早祷和日常礼拜。第二次祷告在上午 9 点左右，供应早餐之前举行，除了诵读宗教经文外，整个仪式通常不超过 15 分钟。

在完成日常礼拜后，僧侣们在一天的第二顿也是最后一顿饭前参加晚祷。祈祷仪式在昏暗的光线下进行，空气中弥漫着甜美的香气。之后，僧侣们会享受自由时光——许多人阅读或针对经文的理解展开辩论，一些人与精神导师会面，寻求这一天遇到的难题的答案。根据传统，日落时，修道院的大门会上锁，直到清晨才会再次打开。

大拉伏拉修道院

963 年

　　大拉伏拉修道院是阿索斯山上最古老的修道院，它坐落在 520 英尺[①]高的悬崖上，俯瞰蔚蓝的海洋。它由阿索斯山的圣亚大纳西建造——他和其余六人在教堂建造过程中因圆顶倒塌而丧生——是拜占庭建筑的一个惊人典范。

　　这座巨大的长方形堡垒设计得像一个筑有防御工事的城镇——由 15 座塔楼、37 座小教堂、多处僧侣的单人小室和一间客房组成——保护着中央庭院。在堡垒内部，坐落于中心的是像一个神圣尖塔的、甜菜根色调的主教堂，围绕在它旁边的是餐厅、厨房和图书馆。作为阿索斯山上最受人尊敬的修道院，大拉伏拉修道院的图书馆是世界上最庞大的拜占庭手稿藏所之一，拥有 2000 多篇希腊文本和 2 万多本书。

　　在这里，日常生活包含三个要素：祈祷、工作和休息。祈祷的形式包括祷告、礼拜和研读经文，工作的重要性则是双倍的——它是个人和社区精神发展的支柱。在大拉伏拉修道院，僧侣们负责照顾修道院 28 公顷的菜园、橄榄园和葡萄园，而其他人则承担钓鱼、建筑、烹饪、清洁、图书管理、手工和修复等工作。这一模式，1000 多年来未曾改变，它已注入了象征意义，被视为净化之路。

---

① 1 英尺约为 0.3048 米。

瓦托派季乌修道院

972 年

宏伟的瓦托派季乌修道院设计得像一座堡垒，里面藏有大量的拜占庭珍宝。

它由 3 名僧侣，圣亚大纳西的门徒——安东尼乌斯、尼古拉斯和亚大纳西——在 10 世纪下半叶建造。围绕着宽敞的庭院建有中央教堂、十字形餐厅和 12 座小教堂。修道院隐约可见的钟楼建于 1427 年，是山上现存的最古老的钟楼，直到今天仍在鸣钟。

瓦托派季乌修道院在卡兰塔雇佣兵和海盗的袭击中幸存下来，自中世纪以来，这里的仪式几乎从未改变。穿着长袍的僧侣们抬着修道院最受崇敬的圣物——圣格雷戈里的头骨碎片、圣母玛利亚的圣腰带和圣约翰·克里索斯托的耳朵——朝圣者们默默祈祷，亲吻这些被安全保存在镶有珠宝的容器里的宝藏。

敬拜会持续一整天。即便是在展开的渔网前，来回传针递线修补渔网时，修道士的嘴唇仍不停地在浓密的胡须后有节奏地移动，一遍又一遍默诵圣山祈祷文。

希利安达里乌修道院

1198 年

在蔬菜园、橘子园和银绿色的橄榄林之间，希利安达里乌修道院的圆顶伸向天空。这座修道院是由塞尔维亚前王子斯特凡·内马尼亚和他的儿子圣萨瓦在 12 世纪后期建造的。斯特凡退位后立下修道誓言，成为修道士圣西。随着希利安达里乌修道院地位的提升，它成为第一所塞尔维亚大学，培养了塞尔维亚最初的十位大主教中的八位，其中包括圣萨瓦。

希利安达里乌修道院是世界上最大的塞尔维亚文物和圣像的藏所之一，收藏了包括三手圣母像（Bogorodica trojeruovic）在内的无数神奇圣像。据说大马士革的约翰曾拥有这座圣像，它的神奇之处在于，717 年当约翰因遭到背叛哈里发阿尔瓦利德一世的诬陷而被砍掉一只手后，他奇迹般地痊愈了。

像所有的阿索斯山修道院一样，希利安达里乌的建筑风格象征性地反映出了拜占庭修道生活的美德。偏僻的地理位置和厚厚的石质围墙体现了对内在修行的追求。木制阳台作为私人祈祷和安静沉思的精神空间是它为数不多的外向性特征之一。神圣的空间不仅依靠建筑风格，还需要通过光线、音乐和熏香来塑造。光在拜占庭传统中具有特殊的意义，它象征着基督。

伊维龙修道院

980 年

伊维龙修道院坐落在大海和草木覆盖的山坡之间，是由两位修道士扬尼斯和优锡米乌斯在 10 世纪晚期建造的，它是格鲁吉亚神职人员和牧师的居所。在它的防御墙内，以圆顶中央教堂为中心，坐落着五颜六色的住宅。

伊维龙修道院不仅拥有比阿索斯山其他修道院更多的圣徒遗物，而且还拥有最著名的圣像："Panagia Portaitissa"（希腊语意为"守门人"）圣母子像。这幅圣母玛利亚的圣像由福音传教士卢克绘制，曾为尼西亚的一位寡妇所有。传说，在毁坏圣像运动时期，她把它扔到了地中海，祈祷它能幸存下来。多年

后，它在阿索斯海岸附近被打捞上来。自那之后，很多奇迹都归功于它。

伊维龙修道院的僧侣致力于修复修道院内部和周围受损的建筑。他们还接待热衷于研究他们所拥有的历史宝藏的国际科学家。无论是清洁地板还是保管无价的圣像，僧侣们都保留着穿着黑色的传统习惯——穿着黑色代表他们在世俗世界的象征性死亡，活着只是为了侍奉上帝。每个僧侣都带着一根通常由 100 个节组成的祈祷绳，以记录背诵祈祷文的数量——有些人的祈祷绳只有 33 个节，代表耶稣被钉死在十字架上的年纪。

日常生活

君士坦丁堡的前世今生

注定永远改变历史的拜占庭首都，"众城之王"的历史

鸟瞰伊斯坦布尔，它的前身
是君士坦丁堡

围攻君士坦丁堡

626 年，阿瓦尔人和萨珊波斯人试图征服君士坦丁堡。拜占庭皇帝希拉克略当时正出征在外与波斯人作战，所以保卫首都的士兵比平时要少。大约有 80000 名阿瓦尔人和萨珊波斯人参与围攻，而拜占庭只有大约 12000 名士兵参与抵抗，他们由贵族博努斯和大牧首瑟吉厄斯指挥。

虽然拜占庭的胜算并不大，但瑟吉厄斯率领士兵来到引路圣母的圣像前，提升了他们的士气，他让士兵们相信自己受到了上帝的庇护。围攻最后以失败告终，拜占庭取得了决定性的胜利。为了庆祝胜利，一位不知名的作者为圣母玛利亚写了一首赞美诗 "Akathist Hymn"，意思是 "不坐下吟诵的赞美诗"。

这首颂曲每年都会在希腊东正教教堂吟诵，以感谢圣母玛利亚保护了这座城市。在吟诵期间，全体会众都要起立向所向披靡的上帝之母致敬。这次围攻是对狄奥多西城墙的第一次考验，它注定要在接下来的 1000 年里保卫这座城市。

▲ 引路圣母。圣母玛利亚的圣像激励了防御的士气

▲ 约克大教堂外的罗马君士坦丁大帝雕像

324 年，君士坦丁大帝决定将罗马帝国的首都从罗马迁到拜占庭。6年后，新都落成。在接下来的11个世纪里，新罗马一直是东罗马帝国的首都。最初，君士坦丁堡与罗马极为相似，都由城市行政长官和元老院负责管理。事实上，君士坦丁堡的大多数机构都完全参照罗马的设置。迁都是君士坦丁的一个大胆决定，但并不危及帝国利益。正如希腊历史学家希律所写："皇帝在哪里，罗马就在哪里。"君士坦丁晚年皈依基督教，永久地改变了世界历史。随着拜占庭帝国逐渐基督教化，新的建筑风格和新的传统逐渐显现，日常生活的方方面面也迅速发生了变化。

东罗马帝国历史上最重要的人物非查士丁尼一世莫属。在他统治期间，君士坦丁堡发生了翻

> 千年的时间证明了拥有96座塔楼的狄奥多西双层城墙是坚不可摧的。它的大部分城墙至今仍完好无损。

天覆地的变化。查士丁尼一世时代，拜占庭帝国首都发生的最著名的事件是532年竞技场的尼卡暴动。这场骚乱最终被贝利萨留斯和蒙杜斯将军及太监纳尔吉斯镇压，他们将大多数暴徒困在竞技场内，并屠杀了大约3万人。残酷的镇压标志着暴乱的结束。君士坦丁堡的街道被毁，竞技场血流成河。然而，真正拯救查士丁尼一世统治的英雄是狄奥多拉皇后，她说服丈夫不能逃离首都，要留下来对抗暴乱者。她说："见过光明的人不可能不死，做过皇帝的人无法忍受逃亡。"皇后当时所说的话得以流传要归功于编年史学家马拉拉斯。

混乱结束后，查士丁尼一世决定重建在暴乱中被毁的圣索菲亚大教堂。然而，与过去不同的是，新教堂的规模将会更大——它注定成为帝国

中最宏伟的建筑。532年，暴动刚刚结束，查士丁尼一世就命令当时最伟大的两位建筑师——塔拉勒斯的安特米乌斯和米利都的伊西多尔着手建造新教堂。537年，也就是仅仅5年后，新教堂就在君士坦丁堡大牧首梅纳斯的主持下揭幕了，它拥有1000多年来同类教堂中最大的圆顶。圣索菲亚大教堂注定是君士坦丁堡普世牧首的座堂所在地，为了体现它的荣耀，新皇帝的加冕仪式和帝国的其他仪式都将在这里举行。

查士丁尼一世统治时期过后的几个世纪里，拜占庭帝国面临许多挑战。与波斯人的持续冲突导致626年君士坦丁堡被阿瓦尔人和萨珊波斯人围困，当时希拉克略皇帝正出征在外与萨珊波斯人作战。君士坦丁堡保卫战大获全胜。后来，阿拉伯人再次发起的两次围攻也都以失败告终。拜占庭首都幸存下来的关键是其坚固的狄奥多西城墙和致命的武器希腊火。

事实上，所谓的"众城之王"之所以能够延续1000多年，主要是因为它坚不可摧的城墙。城墙抵御了敌人多次的进攻和围困——比如来自阿瓦尔人、阿拉伯人、罗斯人和保加利亚人的袭击。罗马时代，皇帝赛普蒂米乌斯·塞维鲁建造的城墙加强了这座城市的防御。2.8千米长的城墙扩建工程于君士坦丁大帝（306—337年在位）统治时期启动，最后由他的儿子君士坦提乌斯二世（337—361年在位）完成。不幸的是，这些防御工事没能保存下来。多年来人口的快速增长，使许多公民不得不在城墙外定居。为了保护城内供水和城墙外居民的安全，新的防御工事亟待修筑。狄奥多西二世（408—450年在位）扩

▼ 圣马尔谷之马（威尼斯），1204年前一直摆放在君士坦丁堡的竞技场

▲ 奥斯曼帝国时期拍摄的竞技场方尖碑

▲ 圣索菲亚大教堂内部。自从被改造成清真寺后，伊斯兰艺术和书法也成为这里的主要特色

建首都并加强了它的防御工事，使它成为世界上最大、最安全的城市。在接下来的 1000 年里，它注定要抵御无数次进攻。狄奥多西城墙是双层城墙，一直有人驻守，并不断修复。事实上，这座城墙特别坚固耐用，在建成 1000 年后仍然固若金汤，令君士坦丁堡难以攻克。

此外，狄奥多西二世还对改善君士坦丁堡的学术环境做出了非凡贡献。为了使君士坦丁堡成为知识中心，并将教育置于帝国更严格的控制之下，425 年，狄奥多西二世决定建立一所教育机构，该机构被命名为马格瑙拉宫大学。这所大学设有从法律和哲学到医学、音乐、天文学的广泛课程。529 年查士丁尼一世关闭雅典学院，641 年阿拉伯人征服亚历山德里亚之后，马格瑙拉宫大学成为唯一一个能为学生提供坚实教育背景的地方。

此外，与人们普遍认为中世纪歧视女性、不允许女性接受教育相反，在拜占庭帝国，男女都享有接受教育的机会，许多女性投身文化研究。历史学家安娜·科穆宁就是一个例证，她是罗马帝国漫长历史中最杰出的人物之一。君士坦丁堡大学促进了这座城市文学和艺术的蓬勃发展，经历了被称为"巴列奥略文艺复兴"的辉煌时代。

8—9世纪，罗马帝国面临着与圣像崇拜相关的内部斗争。毁坏圣像运动，如其名所言是一场反对宗教形象和其他视觉表现的运动，导致君士坦丁堡内大量圣像被毁。装饰东正教教堂的神圣形象被动物、鸟类和植物形象，或者十字架符号所取代。843年，狄奥多拉皇后恢复圣像崇拜，停止了对珍贵艺术品的进一步破坏。

在接下来的几个世纪里，这座城市的情况开始好转。从10世纪开始，《市政官手册》为我们描述了首都经济生活的细节。在此期间，君士坦丁堡的经济蓬勃发展，不同行会垄断不同商品。据估计，在繁荣经济的作用下，城市人口已增长到80万。毁坏圣像运动结束后，马其顿王朝实现了君士坦丁堡的艺术复兴，许多作坊开始用象牙和贵金属制作精美的艺术品。这些艺术品被销售到帝国各处，甚至更远的地方。

影响君士坦丁堡的最伟大王朝之一是科穆宁王朝。随着源源不断的黄金每天流入，这座城市变得越来越富有，经济繁荣。这一时代建造了许多宏伟的建筑，其中最著名的建筑包括经营着帝国最大慈善机构的潘多克拉托罗斯修道院。约翰二世时期，国库出资建造了一所可以接收50名病人的医院。阿列克修斯一世将布拉赫奈宫作为他的主要居所，这座宫殿建于约500年，在阿列克修斯一世之前，从未被用作主要的帝王居所。阿列克修斯一世的孙子曼努埃尔促进了马赛克艺术的复兴，包括一幅描绘约翰二世和他的妻子匈牙利的伊琳妮，以及圣母玛利亚和耶稣的马赛克，它后来被摆放在了圣索菲亚大教堂。君士坦丁堡的作坊开始加工丝绸，制作出绣有老鹰、狮子和其他动物的精美作品。然而，君士坦丁堡艺术的真正影响远在帝国之外。威尼斯、俄罗斯、西西里岛等其他文化中心都深受12世纪拜占庭

▲ 保卫君士坦丁堡城市安全1000多年的狄奥多西城墙

▲ 拉韦纳圣维塔莱大教堂的贝利萨留斯将军马赛克

艺术的影响。

然而，在第四次十字军东征期间，君士坦丁堡遭到了大规模破坏，被十字军洗劫一空。十字军并没有按照最初的目标尝试夺回耶路撒冷，而是洗劫了两座基督教城市。1202年，因财政问题，十字军洗劫了克罗地亚基督教城市扎拉，两年后，也就是1204年，他们攻占并洗劫了君士坦丁堡，因为他们想要为1182年在这里发生的拉丁（西方基督徒）人口大屠杀复仇。

十字军的行径骇人听闻。在3天的时间里，他们在所到之处大肆掠夺、谋杀和破坏。他们亵渎东方基督教最伟大的作品圣索菲亚大教堂以发泄对拜占庭人的仇恨。君士坦丁堡惨遭洗劫导致帝国迅速走向衰落，在日益强大的东方土耳其面前变得不堪一击。雪上加霜的是，拜占庭的大量艺术品被损毁或盗窃，现在，大部分的被盗艺术品都陈列在威尼斯，因为威尼斯人对拜占庭艺术情有独钟。拜占庭人认为，即使他们的城市被土耳其人攻占，土耳其造成的破坏也远不及十字军。

1261年，拜占庭人成功夺回了君士坦丁堡。他们面临着修复所有受损建筑和抵御越来越多外敌入侵的艰巨任务。巴列奥略王朝统治时期，曾经辉煌的帝国版图不断缩小，内战逐渐将它推向早已注定的结局。随着君士坦丁堡的经济资源大幅缩减和1347年黑死病的肆虐，该市人口急剧

关于秋天的传说

　　1453年"众城之王"覆灭后，许多传说开始流传，以激励东罗马人对未来抱有希望。毕竟，他们不愿意接受自己辉煌历史的终结。最著名的传说之一是关于大理石国王——最后一个拜占庭皇帝君士坦丁十一世·巴列奥略格斯的。据说，当奥斯曼人攻占君士坦丁堡，开始屠杀士兵和平民时，一位天使从天而降，拯救了皇帝。天使把君士坦丁十一世变成一尊大理石雕像，并把他藏在了一个山洞里。据传说，上帝有一天会让皇帝复活，从土耳其人手中解放君士坦丁堡，重建帝国。

　　另一个传说是关于一个在河边煎鱼的和尚的。一只鸟告诉他君士坦丁堡陷落后，他的鱼从锅里跳出，跃入河里。它们会在河里等待，直到君士坦丁堡重获自由，再跳回锅中接受煎炸的命运。

　　还有一个传说是，在秋天，圣索菲亚大教堂举行了一场礼拜仪式。当奥斯曼人冲进教堂时，一扇门奇迹般出现了，牧师躲进门里，等待君士坦丁堡重回拜占庭，只有那时他才能完成礼拜仪式。

▲ 君士坦丁十一世，大理石国王，君士坦丁堡的最后一位皇帝

君士坦丁堡的人口

　　君士坦丁堡是中世纪最伟大的城市，它的成功很大程度上要归功于它的地理位置和人口规模。君士坦丁堡处于亚洲到北非和西欧的巨大贸易网络中心，因为横跨地中海的不间断贸易，它的财富积累是必然的。在首都从罗马迁到这里之前，拜占庭的人口大约有2万，但在这之后直到400年，这里的人口迅速增长，在360年达到15万，400年左右达到20万。据信，在查士丁尼一世统治的早期，这座城市的人口达到了100万。

　　然而，541—542年，大瘟疫夺去了该市约40%的人口，人口数量此后再也没有完全恢复。在接下来的几个世纪里，君士坦丁堡的居民数量一直保持在25万到35万不等。然而，14世纪的瘟疫过后，人口骤降至5万。即使是中世纪最伟大的中心也不能在诸如战争和疾病等各种问题中幸免，这些问题导致君士坦丁堡人口锐减，最终令它落入了15世纪崛起的势不可挡的奥斯曼人之手。

下降。之后的几任皇帝努力恢复人口数量，在灭亡前的最后几年，君士坦丁堡的人口数量恢复到了约5万。然而，古代晚期的辉煌早已一去不复返。奥斯曼帝国的进攻是拜占庭人不得不面对的现实。1453年，君士坦丁堡终于沦陷，奥斯曼帝国统治下的新时代拉开了序幕。

　　然而，这座"众城之王"的城墙和守卫者没有背叛它。少数留下抵御奥斯曼人的守卫者面对强敌奋勇反抗。不幸的是，一扇城门被误开，入侵者冲了进来。征服者们在这座城市里肆意掠夺了3天，强奸妇女，杀害平民。这座基督教城市的沦陷，对基督教和整个西方世界来说都是一个沉重的打击，他们生活在恐惧之中，害怕面临与拜占庭人同样的命运。

▲ 潘多克拉托罗斯修道院现在是伊斯坦布尔的一个重要的清真寺，名为泽伊雷克清真寺

描绘 1453 年君士坦丁堡沦陷于奥斯曼帝国的一幅插图

圣索菲亚大教堂

土耳其，537 年至今

几个世纪以来，圣索菲亚大教堂一直被视为圣地。325 年，君士坦丁一世在一座异教神庙的基础上建造了这座教堂，之后它经历了数次修复和扩建。532 年，教堂在尼卡暴动中被大火烧毁后，查士丁尼一世产生了一个宏伟的愿景。为了恢复帝国往日的辉煌，他决定建造一座世界上最伟大的教堂。

查士丁尼一世聘请了两位著名的数学家——安特米乌斯和伊西多尔来设计教堂。537 年，也就是动工 5 年后，圣索菲亚大教堂（意为"神圣的智慧"）便落成完工。依靠革命性的设计，巨大的圆顶使它成为近千年来世界上最大的教堂。

尽管这座教堂设计惊人，但它也不得不经历岁月的磨砺。后来的一些拜占庭皇帝利用修复的机会把自己的名字加入教堂，其中一些是对教堂很好的装饰。例如，查士丁尼的继任者查士丁二世用精致的马赛克镶嵌画装饰了教堂的墙壁。然而，不是每个统治者都是艺术的庇护人。726

年，内战结束后，皇帝利奥三世开始禁止崇拜宗教圣像，毁坏圣像运动一直持续到842年，在此期间，全国各地教堂的宗教圣像都遭到了破坏。

随着拜占庭帝国慢慢走向衰败，来自外族的威胁促使西方基督教国家发起了十字军东征，收复"圣地"。然而，十字军东征从未取得过长期胜利，它甚至加速了君士坦丁堡的沦陷。1453年，奥斯曼苏丹征服者穆罕默德二世攻占了君士坦丁堡。幸运的是，他被圣索菲亚大教堂的美丽所打动，决定迁都君士坦丁堡。圣索菲亚大教堂（现在称为阿亚索菲亚）被改造成清真寺，其基督教艺术作品被遮盖或被伊斯兰书法作品替代。圣索菲亚大教堂的美丽将为下一代奥斯曼艺术带来灵感。

奥斯曼帝国在第一次世界大战后灭亡，土耳其共和国于1923年成立。之后圣索菲亚大教堂被改为博物馆，今天我们仍可以在现代伊斯坦布尔参观它。

01 化圆为方

圣索菲亚大教堂的美丽之处在于，建筑师以革命性的设计创造出巨大的开放空间，巨大的圆顶由两个半球形拱门支撑。为了做到这一点，必须"化圆为方"，用正方形空间支撑圆形穹顶。圣索菲亚大教堂是最早使用这种技术的建筑之一。被称为炽天使的六翼天使拜占庭画作现在仍保留在穹隅之上。

03 建筑奇迹

圣索菲亚大教堂是工程上的奇迹，它在开工仅5年后便落成完工。然而20年后，圆顶由于地震倒塌，原建筑师之一的侄子对它进行了修复，用骨架对结构增加了支撑。

04 基督教和伊斯兰教的融合

拜占庭人和奥斯曼人在不同时期都拆除了基督教的马赛克，代之以书法作品和几何形状等非具象艺术。圆顶内的伊斯兰书法作品很可能覆盖了原始的拜占庭马赛克。现存的基督普世君王像马赛克可以追溯到13世纪，被认为是拜占庭晚期马赛克镶嵌画的最杰出代表之一。

02 外部装饰

这四座尖塔是在1453年奥斯曼帝国征服君士坦丁堡后的几个世纪里分别建造的。尖塔高60米，比穹隆（圆顶的最高部分）——位于美丽的大理石镶嵌地面之上55.6米——还高。

10 伊斯兰书法

在攻占君士坦丁堡后的几个世纪里，奥斯曼人在圣索菲亚大教堂里添加了他们的艺术和书法作品。这些"圆形浮雕"是1847年翻修时加上去的。

05 支撑柱

支撑每个半球的是4根17米高的斑岩柱。与之前的罗马人一样，拜占庭皇帝非常珍视斑岩大理石，因为它非常稀有且是紫色的——皇室的颜色。然而，众所周知，斑岩在压力下会断裂，所以几个世纪以来，大教堂的柱子都必须用青铜箍加固。这些斑岩柱的柱头都刻有查士丁尼一世姓名首字母组成的组合图案。

06 丹多洛总督之墓

圣索菲亚大教堂最初是一座希腊东正教教堂。1204年，威尼斯人发起第四次十字军东征，洗劫了君士坦丁堡，把它改为了天主教教堂，直到1261年拜占庭人才将它重新夺回。1453年，奥斯曼人攻占君士坦丁堡后将它改建为清真寺。1934年，改建为博物馆。为了纪念威尼斯十字军东征，第四十一任威尼斯总督丹多洛被葬于此。

07 有史以来最伟大的教堂

即使在今天，当人们凝视古老圆顶时，仍会为它令人敬畏的宏大空间和跨越几个世纪的历史感到震撼。拜占庭皇帝查士丁尼一世把它与《圣经》中耶路撒冷的第一圣殿相媲美，他说："哦，所罗门，我赢了！"

08 皇帝御用之门

这扇7米高、由橡木和青铜制成的门是圣索菲亚大教堂里最大的门，最初是查士丁尼一世和他的随从的专用门。拜占庭人称制作它的木材来自诺亚方舟。门上方描绘皇帝利奥六世向基督鞠躬的马赛克是9世纪或10世纪加上去的。

09 清洁瓮

圣索菲亚大教堂入口两侧有两个巨大的大理石清洁瓮。它们都由一整块大理石按希腊风格雕刻而成。这些瓮原本是罗马净化仪式中用来装水的。苏丹穆拉德三世将它们从佩加盟运到了圣索菲亚大教堂。

大胆和美丽

**拜占庭人共享从眼线笔到象牙盒等各种形式美的文化，
他们为自己的外表而感到骄傲**

即使在今天，拜占庭对时尚和审美仍有着巨大影响。富有的拜占庭男女的服饰以色彩大胆、镶嵌黄金和珠宝而闻名，现代时尚达人可以从君士坦丁堡贵族身上得到很多启发。

在拜占庭早期，与美丽和时尚相关的习俗和西罗马帝国非常相似。拜占庭人身穿长袍，佩戴珠宝，以搭配出完整的造型。只有社会富有阶层才买得起奢华的珠宝，所以佩戴它们是一种权力和财富的象征。事实上，拜占庭人非常喜欢黄金，拜占庭末期，可能由于缺乏黄金，金盘都被用来制作珠宝。

然而，与西罗马人不同的是，拜占庭人不喜欢化太浓的妆，也不喜欢使用护肤品。相反，他们向东寻找灵感，更喜欢使用波斯、印度和其他地区制造的令人陶醉的香水。

随着拜占庭帝国与西罗马帝国渐行渐远，时尚也逐渐发生改变，以适应拜占庭人的生活方式。人们用束腰外衣取代了宽外袍，并开始偏爱精致的图案装饰。大量熟练的织工投入织绣工作，将图案和花纹织入丝绸，同时用精湛的刺绣技法将贵金属和宝石绣入。

拜占庭的珠宝深受中东的影响，使用了金银丝等工艺。

珠宝

作为社会地位的外在表现和对精美装饰品的欣赏，拜占庭女性会佩戴华丽的珠宝来装扮自己。手镯、耳环、戒指和项链均由黄金制造，用紫水晶、蓝宝石、祖母绿、石榴石和珍珠等珍贵宝石装饰。珍珠因其发光的品质而备受珍视。复杂的金属加工技术——细工网格作品，即在金属片上穿孔，能创造出优雅的格子状图案，在当时非常受欢迎。后来，随着宗教和非宗教生活的重叠，带有诸如十字架和圣母玛利亚图像的宗教珠宝，变得越来越受欢迎。它们是虔诚的象征，人们相信它们可以庇护佩戴者。

盖盒

由象牙制成的拜占庭盖盒，因其光滑、奢华和易于雕刻的属性，被用来储存珍贵的珠宝、化妆品或香水。许多盒子都设计成圆柱形，带有铰链盖——盖子上通常有锁，以防止贵重物品被家仆偷走。盖盒以象牙横截面为原料，以异教神话为灵感来源，用手工雕刻出细致的奇幻动物和传说中的神明。作为艺术品，盖盒体现了盛行的拜占庭意识形态，即物品应该既实用又美观。

眼影粉容器

由于重视外表，使用化妆品，尤其是眼影粉在拜占庭各个阶层的女性中都很普遍，精英阶层尤其如此。眼影粉是一种天然的矿物质，用来给眉毛着色、拉长睫毛和画眼线——涂抹工具是由象牙、玻璃或骨头制成的小棒。眼影粉储存在由蓝绿色玻璃制成的有多个管状隔间的容器中。到了拜占庭中期，眼影粉容器的设计已经装饰性和功能性兼备——以精致把手和互补色螺旋轨迹为主要特征。

拜占庭人显然是一个喜欢装扮自己的民族。

香水瓶

在拜占庭早期，香水艺术就已享有盛誉。它可以用于葬礼净化神圣空间，用于医药，同时也是一种流行的美容方式。拜占庭地处战略要地——坐落于丝绸和香料之路上——可以从遥远的中国、阿拉伯和印度采购玫瑰、鸢尾花、苏合香、桃金娘、马角兰、百合和茴香等外来稀有原料。经调香师调配后，香油被存放在细长的蓝色或绿色玻璃瓶中。这些手工吹制的玻璃器皿上装饰着华丽的把手、线圈和脊状点缀。拜占庭社会的各个阶层都使用香水，它可以涂抹，也可以洒在身上。

服装

当传统的罗马长袍不再流行时，拜占庭的男女开始穿着束腰外衣。虽然鲜艳的颜色很受欢迎，但它们往往价格更高，因为某些色调代表着社会地位。帝王紫是极其昂贵的——它从成千上万只海螺中提取染料制成，象征着皇帝的威严和权力。精英阶层通常会在束腰衣外面再穿一件更奢华的长袍。女性长袍常以长长的喇叭袖为特色，由从埃及和叙利亚进口的带有复杂图案的丝绸制成。精致的衣领、下摆和袖口都绣有大量的银线或金线——有些甚至点缀着珍珠和宝石。

男性的发式通常短而简单，而女性通常会把头发编成辫子，盘在头上。

发饰

在拜占庭，发型除了表达个人风格，还象征着社会地位、宗教信仰和种族起源。一般来说，女性要留长发，并将它盘在头顶。流行的发型是将头发中分后或卷起来或编成辫子盘在头顶，同时，留一些松散的卷发须垂在脸的两侧。由木头、象牙或龟甲制成的带有装饰性雕刻元素的发卡和发簪被用来固定头发。一些女性在特殊场合会在发髻中编织珍珠或装饰品，而另一些女性受东方商人的启发，开始佩戴类似头巾的头饰。无论哪种风格，拜占庭女性出门时都要用齐肩的面纱遮住头发。

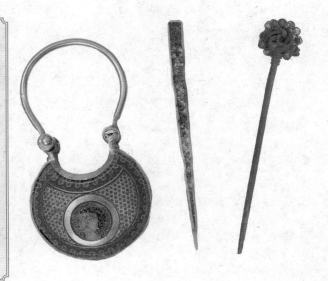

蓝党和绿党

在拜占庭，体育是生死攸关的大事

血腥、残忍和暴力的比赛是罗马皇帝对为数众多的、沸腾的民众实施公共控制的核心。但君士坦丁堡是一个基督教国家的首都：角斗游戏和野蛮的壮观场面本不该在这里出现。然而，"面包和马戏"[①]的治国策略在帝国的起源可以追溯到尤维纳利斯在2世纪的讽刺诗：在对暴民的控制上，新罗马的皇帝不能败给旧罗马的皇帝。拜占庭皇帝与教会合作，通过在节日提供"panem"（拉丁语，意为面包），作为保障城市贫困居民健康的社会服务的一部分。最著名的活动是在纪念君士坦丁堡成立的盛宴上举行的"蔬菜竞技场"，当时大量面包、鱼和蔬菜被分发给穷人。但是人不仅仅靠面包活着，还需要娱乐，需要一些能把他的精神从日常的艰辛中解放出来的东西。为此，帝国举办了赛车竞技比赛。

---

① "面包"与"马戏"作为两种社会现象，分别独立起源于罗马共和国早期。"面包"现象起源于共和国早期的私人慷慨捐助行为，至格拉古时期，"面包"现象开始从私人行为转变为国家行为。"马戏"现象相较于"面包"现象起源更早，类型也更为多样。其类型主要包括角斗竞技、赛车表演、海战竞技、斗兽表演和戏剧表演等。

曾经屹立在君士坦丁堡
竞技场的四匹青铜马现
在陈列于威尼斯

▶ 对人和马来说，战车赛车比赛都是一项令人激动但危险的运动

舞池之王

在5世纪，舞剧和战车赛车比赛一样吸引了大批热情观众。舞蹈团雇用被称为"喝彩党"的专业啦啦队来指挥观众的喝彩和掌声。然而，这些喝彩党开始将他们的技巧用于政治示威和煽动人群。

帝国当局有效应对，将喝彩党国有化，纳入由帝国财政资助的公共娱乐行会，并将他们分配到战车赛车队的不同颜色派系。然而，人们对体育运动的喜爱和喝彩党所煽动的热情导致了一系列骚乱，并在532年的尼卡骚乱中达到顶点。为了防止这类事件再次发生，各派系和他们的喝彩党被编入帝国仪式。喝彩党在欢呼仪式（新皇登基仪式的重要组成部分）中发挥重要作用，而不同颜色的派系则在伴随赛车竞技的仪式中扮演重要角色。

到了7世纪，这些派系已经成为帝国政府的一部分，因此，他们不大可能发动叛乱——毕竟，那是和自己作对。然而，只要战车赛车比赛在君士坦丁堡继续，蓝党（the Blues）和绿党（the Greens）仍然是比赛日仪式的重要组成部分。

▲ 前景为君士坦丁堡的竞技场

君士坦丁堡竞技场是拜占庭版的罗马马克西穆斯（Circus Maximus）竞技场。虽然马克西穆斯竞技场更长，但君士坦丁堡竞技场更宽。它长400米、宽200米，座位数量在4万到8万之间，可以容纳10万名观看战车赛车比赛的观众。赛场跑道呈U形，有一道装饰华丽的隔离带，将两条长长的笔直赛道隔开。竞技场毗邻皇宫的事实充分证明了它和战车赛车比赛在帝国生活中的重要性。皇帝和他的随从可以通过一个封闭通道和一个螺旋楼梯，从皇宫直接进入卡蒂斯玛（Kathisma，音译，意为就座）——可以俯瞰

战车赛车比赛——和由此产生的激情——是能够跨越所有社会障碍的少数事物之一。

东边赛道的大看台上的皇家包厢。战车赛车比赛在皇室和普通民众中都很受欢迎。的确，在一个等级森严的社会里，战车赛车比赛及其带来的激情是能跨越所有社会障碍的少数事物之一。

比赛在四队驷马两轮战车间展开。每支队伍都有自己的颜色——红、绿、白、蓝。为了确定从起跑线的哪个位置出发，比赛前，赛车手们会从一个旋转的瓮中抽签。然后他们登车从自己的起跑点出发，绕着竞技场的赛道跑满7圈。

6世纪赛车竞技的典型计划是让战车在一

天中参加25场比赛，中间有一次休息。拜占庭的此项比赛有一个独特之处，即胜利者挑战（diversium），它允许上午比赛的获胜者在下午与失败的赛车手互换马匹和战车向后者发起挑战。如果上午的获胜者驾驶对方的战车在比赛中再次获胜，他便证明了胜利应归功于他的个人技巧，而不是更好的马匹。拜占庭最伟大的赛车手之一君士坦丁在上午的比赛中取得了25场胜利，在下午的比赛中又驾驶对手的战车赢得了21场胜利。一天50场比赛的安排是特别的纪念活动，用以向这项运动中某位最伟大的选手致敬。比赛时间可能会被缩短，以避免马匹筋疲力尽。

主要赛事会云集像君士坦丁这样的超级赛车手，此外也会根据赛车手的年龄划分出三个不同等级的比赛：17岁以下组、17岁至20岁组和成人组。初级比赛为学徒赛车手提供了比赛经验，也让拜占庭人有机会发现天才少年。

中场表演几乎和比赛一样受欢迎，包括歌手、舞者、小丑、杂技演员，以及从高处走钢丝穿越竞技场的表演者提供的表演。这里也有野兽表演，但是，这些表演既不是斗兽场上的血腥盛宴，也不是人类与愤怒和饥饿的野兽间的殊死搏斗，而是考验技巧、敏捷性和勇气的比赛。虽然今天的动物慈善机构肯定会对竞技场的表演报以怀疑，但这些动物通常都是活着的——要找到合适的来自异国的危险动物越来越困难和昂贵。竞技场里的一个典型表演是大胆的勇士一路撑竿跳逃离猛兽的追扑。另一个代表性表演，看过《侏罗纪世界》中陀螺球场景的人都会喜欢。表演者把自己绑在一个中空球体里，由人推入竞技场。动物们看到这个奇怪的东西，就会靠近，这时里面的人会伸出一只胳膊或一条腿来引诱它们。当动物尝试抓住伸出的肢体时，里面的人会迅速将肢体抽回，这样球体就会开始滚动。动物们要

么被激怒，要么感到好奇，然后就会开始拍打球体，而这个人则在球里绕着竞技场旋转，娱乐观众。

今天，君士坦丁堡竞技场——举办这些运动和娱乐活动的宏伟建筑，作为伊斯坦布尔的"Sultanahmet Meydani"（土耳其语，意为君士坦丁堡竞技场）幸存下来。君士坦丁堡的奥斯曼征服者对在竞技场举行的体育活动不感兴趣，尽管苏丹没有在这里另建其他建筑，竞技场还是不可避免地被渐渐蚕食。在许多曾经装饰过隔离带的雕像和纪念碑中，只有三个保留了下来，其中保存最好的是从埃及卡纳克神庙运来的方尖碑。尽管君士坦丁堡竞技场的一些最伟大的艺术作品在第四次十字军东征的灾难中被威尼斯人掠走，但它们确实因此保留了下来。在赛道的北端，四匹青铜骏马熠熠生辉。威尼斯人把这些雕像放在圣马可大教堂正面顶部以示敬意（这些马现在被保存在大教堂内，以避免它们因自然灾害受损，教堂顶部的四匹马是复制品）。拜占庭艺术的技巧和工艺，以及赛车竞技的刺激和壮观，在这些华丽的铜马雕像中得到了充分的表达。

比赛日必然异常嘈杂和壮观。现在，体育爱好者经常把乐器带进体育场，但绿党和蓝党不需要从外面带乐器进来：事实上，在竞技场为每个派别保留的座位上都装有风箱式的银色风琴。然而，与今天球迷的庸俗和暴力口号不同的是，蓝党和绿党通常吟唱空灵的赞美诗来颂扬他们的车队。尽管蓝党和绿党存在派系之争，战车赛车比赛却是帝国团结一致的表达，各派都臣服于皇帝，唯一的天命统治者——上帝选中的他在地球上的代表。

虽然战车赛车比赛是拜占庭帝国最受欢迎的运动，但它并不是唯一的娱乐活动。拜占庭贵族与当时其他文明的贵族精英一样，都热衷狩猎，

▲ 圣维塔莱大教堂里查士丁尼一世（尼卡暴动期间在位皇帝）的马赛克肖像

他们追捕各种各样的动物：狮子、豹子、瞪羚、熊、鹿、狐狸，甚至河马。这些猎物让北方贵族羡慕不已。

马球是在拜占庭精英中流行的一种游戏。罗马帝国的大多数运动都继承自古代，但马球运动是从波斯传入的。它在皇室中特别受欢迎，皇帝巴西尔一世还在皇宫里建造了一个马球场。然而，拜占庭的马球形式与现代不同。骑手不用木槌击球，而是用末端带有网的杆子，先将球套住，再扔向对手的场地。可以说，它是一种骑手版的棍网球。十字军在往返圣地途中经过君士坦丁堡时将它带回了法国，并将其更名为chicane。还有一种步行版的马球，一些历史学家认为，它是现代棍网球的前身。

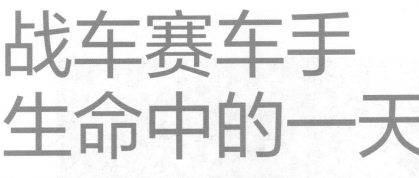

战车赛车手
生命中的一天

赛车手们梦想着荣耀和赛场上的成功

拜占庭帝国，500—542 年

战车赛车比赛是拜占庭帝国最受欢迎的观赏性运动。比赛在君士坦丁堡竞技场举行，这里可以同时容纳10万人。来自各个阶层的观众，包括皇帝，将比赛当作日常生活中的消遣乐在其中，而选手们则通常是奴隶。他们被分成四支队伍，这激发了与现代足球队一样的强烈归属感。事实上，不同队伍的支持者们经常在看台过道上争吵。此外，比赛还是皇帝难得在公众面前展示自己的绝佳机会。

赛前秀

当选手们到达赛场开始为一天的比赛做准备时，竞技场为观众们准备了各式各样的娱乐节目，如摔跤、舞蹈、杂耍、走钢丝和野兽搏斗。皇帝和他的配偶将坐在与大皇宫直接相连的被称为"卡蒂斯玛"的专用包厢里观看比赛。

代表队

参加竞技的有四支代表队——蓝、绿、红、白。选手们穿着与自己队伍颜色相同的外衣，以便观众能轻松识别。在这四支队伍中，蓝、绿队最受欢迎，红、白队次之。

防患于未然

战车赛车比赛是非常危险的，参赛者需要穿上防护装备，以防万一。常见的装备包括大腿和胸部的防护皮革垫及皮革头盔。一把锋利的刀也是必备的，一旦战车的缰绳缠绕在一起，车手需要用刀将其割断以帮助自己脱离险境。

▲ 展现战车赛车场废墟的16世纪竞技场遗址雕刻

公平竞争

选手们从12个起跑门中的哪一个出发由抽签决定。这些门都是机械化的，以确保它们能同时打开。驷马战车准备就绪后被带到门前，每场比赛每队通常有两辆战车参赛。

▲ 隔离带上装饰着图特摩斯三世方尖碑等纪念碑。390年，狄奥多西一世皇帝将它从埃及运到了君士坦丁堡竞技场

各就各位，预备，开始

富有的战车赞助商，如元老院甚至皇帝，会抛下一块白布，示意比赛开始。赛车手必须驾驶战车跑到U形轨道的尽头，绕过中央隔离带返回，才能获胜。每场比赛需要跑7圈，持续约15分钟。

午休时间

一天中有一次休息时间，观众们可以观看更多的娱乐表演，选手们则补充食物和水，并趁机恢复体力，为下午的比赛做好准备。比赛不仅仅关乎胜利——竞技场上的成功可以使选手成为炙手可热的明星。

志在必得

午餐后比赛继续，最多一天可达25场。比赛中用来记录分数的是一个带有七个海豚形或蛋形圈数统计装置的可移动计分板。赛车手们会联合起来对付排名第一的选手，通常的做法是冲撞他的马车——一个极其危险和致命的举动。

再次一决高下？

拜占庭战车赛车比赛的独特之处在于允许获胜者向失败者挑战，与其交换战车和马匹重新比赛。这是胜利者向观众证明他们是靠技术而不是运气赢得比赛的绝佳机会。

收获奖赏

获胜的赛车手将从皇帝那里得到奖赏，其中包括一枚金印、一件束腰外衣、一顶头盔和一条丝绸腰带。赛车手的胜利最终是皇帝的胜利，在颁奖仪式上，人群会高呼忠于皇帝的口号。对于赛车手来说，获胜给了他调换队伍和增加收入的机会。

聚会时间

在当天的比赛结束后，有的队伍庆祝胜利，有的队伍哀悼失败。不同的队伍和支持者经常发生冲突，因为战车赛车比赛引发了一种暴徒心态，这与今天的足球流氓行为如出一辙。因此，学者普罗科皮乌斯宣称战车赛车派系是"灵魂的疾病"。

战争

第一次围攻
君士坦丁堡

在阿拉伯人迅速征服萨珊帝国后，
欧洲的命运掌握在君士坦丁堡手中

对拜占庭人来说，7世纪异常艰难。在经历了漫长的瘟疫和灾难后，几个世纪以来的权力和平转移被暴君福卡斯打破，然而他自己最后也被希拉克略王朝暴力推翻。嗅到血腥气息的萨珊波斯人发动了长达数十年的战争，将两个帝国都逼到了崩溃的边缘。这场战争注定是罗马与波斯的最后一战。628年，双方刚刚恢复和平，更致命的威胁就在最难以想象的地方出现了。

南部士气高昂的阿拉伯军队仅用了一代人的时间就利用轻骑兵和战略智慧，征服了波斯、叙利亚和埃及——将拜占庭人逼入安纳托利亚腹地，并占领了他们最富有的三个地区，其中包括亚历山德里亚和安条克。在叙利亚总督穆阿维叶的率领下，阿拉伯人长驱直入，将伊斯兰教推向了基督教世界的大门——君士坦丁堡。651年，阿拉伯人在征服萨珊帝国后，将大部分兵力转向西部，在叙利亚和埃及建立了拥有1700艘船只的舰队。尽管他们在陆地上具有显著优势，但任何夺取拜占庭首都的长期战役都必须得到海军力量的支持。在试探过程中，阿拉伯人几乎没有遇到任何阻力，他们征服了塞浦路斯，突袭了科斯和克里特岛，甚至融化了罗德岛的巨像，同时入侵了东部的亚美尼亚。

在与拜占庭进行了一场令人精疲力竭的战争后，萨珊王朝终于被征服了

穆阿维叶顺势驻扎在腓尼基，也就是现在的黎巴嫩，为最终的远征——围攻君士坦丁堡做准备。对于新兴的阿拉伯帝国来说，这是其最远大的目标。征服拜占庭的首都不仅能让阿拉伯人占有罗马帝国力量和威望的中心地带，还会为他们征服整个欧洲打开大门。然而，就在这时，阿拉伯军队遭遇重挫。军中一名号手的两个儿子（基督徒），在释放了所有的罗马囚犯、烧毁了装备后乘船回国。愤怒的阿拉伯人在654年启航前往菲尼凯——安塔利亚地中海海岸——在那里他们遭遇了拜占庭舰队。

虽然阿拉伯军队几乎没有海上作战经验，但他们对敌人做了非常透彻的研究。双方的几百艘战舰都排列整齐，严阵以待，阿拉伯军人还把他们的船只绑在了一起。由皇帝君士坦斯二世亲自挂帅的拜占庭军队率先掌握了主动权，他们跳上阿拉伯人的船只，与他们展开了残酷的肉搏战。然而，阿拉伯人成功扭转战局，反败为胜。君士坦斯二世在意识到大势已去后，在刀剑的碰撞声和尖叫声中跳下船，差点儿淹死在被罗马人的鲜血染红的大海里。这是阿拉伯人在公海上的第一次胜利，也是一次非凡的胜利。此刻，阿拉伯人已成为陆地和海洋的霸主，似乎再没什么能阻挡他们夺取君士坦丁堡。阿拉伯人崛起后，从山区到平原的整个安纳托利亚地区，都如叙利亚和埃及一样臣服于他们的统治。

▲ 在围城期间，拜占庭人首次使用了一种被称为希腊火的秘密武器

一位名叫卡利尼库斯的设计师声称发明了一种秘密武器——一种即使在水上也能燃烧的物质。

在将小亚细亚夷为平地后，穆阿维叶准备对君士坦丁堡发起最后的总攻。然而，一场猛烈的风暴挡住了阿拉伯舰队的去路。对基督徒来说，似乎是上帝的旨意把他们从愤怒的阿拉伯人手中解救了出来。不久之后，穆阿维叶的堂叔、哈里发奥斯曼被谋杀，引发了长达5年的内战。然而，短暂的稳定过后，在勇敢的穆阿维叶和强大的倭马亚王朝的支持下，阿拉伯人卷土重来，他们团结一致，比过去更加强大。

新的哈里发即刻派军前往罗马尼亚和亚美尼亚，并迅速征服了阿尔巴尼亚和米迪亚。在重组舰队的同时，他的部下不断袭击小亚细亚各地的堡垒和城市，攻势越来越接近君士坦丁堡。这对拜占庭的经济造成了毁灭性的打击，多地人口锐减。更糟糕的是，广受赞誉的萨博里奥斯将军叛逃到了阿拉伯阵营，多疑的拜占庭皇帝君士坦斯二世处死了他的兄弟，然后丢下首都君士坦丁堡逃到了西西里岛的锡拉库萨。为了躲避怒火中烧的阿拉伯人和拜占庭人，他幻想把首都迁到罗马，任由穆阿维叶掠夺安纳托利亚。

由于无法召集足够兵力反击，君士坦丁堡的士兵只能加强防御，以瓦解穆阿维叶的儿子耶齐德的另一次短暂围攻。668年，罪行累累的君士坦斯二世被随从用浴室的水桶打死，他的儿子君士坦丁四世继承了皇位。与他的父亲不同，君士坦丁四世不打算把首都拱手让给阿拉伯人。然而，暴风雨即将袭来。在组建了另一支庞大的舰队后，阿拉伯人于670年向距君士坦丁堡60英里的基齐库斯发起进攻，随后，他们在奇里乞亚和吕西亚驻扎过冬。时不我待，君士坦丁四世迅速开始准备战斗。

尽管形势对他不利，但叙利亚难民设计师卡利尼库斯的出现为他带来了转机。卡利尼库斯发明了一种秘密武器——一种即使在水上也能燃烧的物质。君士坦丁四世兴奋不已，批量生产了这种"希腊火"，把它装备到马尔马拉海入海口的一支双层船舰队上，并为它安装了虹吸装置。

673年，据说夜空中出现一道巨大的彩虹，"全人类都为之战栗，所有人都说这是世界末日"。这很可能是因为春天来临时，穆阿维叶发动了一场大规模袭击，一场他耗费毕生精力准备的大围攻。他的部下沿着博斯普鲁斯海峡一路突袭，在距君士坦丁堡1英里处马尔马拉海西岸的巴克尔柯伊和橄榄角郊区登陆。一批批阿拉伯士兵聚集在首都最南端的金门，每天从黎明战斗到黄昏，君士坦丁堡守军则沉潜待发。拜占庭人偶尔也会展开自杀式突围，把阿拉伯人引到城墙上弹射器的射程之内。

那年秋天，在经过两个季节的漫长消耗后，阿拉伯人艰难地回到马尔马拉海对面的基齐库斯休整过冬。第二年春天，他们再次发起进攻，如此循环往复持续了4年，希望在最后的猛攻中拖垮拜占庭。678年，当阿拉伯人再次逼近时，君士坦丁四世决定正面迎战入侵者，他率领庞大

的舰队抗击阿拉伯人。与菲尼凯之战一样，双方都列好阵势，严阵以待，随后双方陷入了漫长而又令人不安的静默。这一次，拜占庭人没有登上阿拉伯船只，而是发动了一场出乎意料的炮火攻击——令阿拉伯人难以捉摸的希腊火，一场强大的岩浆风暴像雨点般落在木船上。火焰撕裂了阿拉伯舰队，士兵们纷纷跳入海里，嘶喊尖叫着，几乎没有任何喘息的机会。

这个秘密武器取得了压倒性的胜利，其毁灭性之大足以驱逐阿拉伯人。然而世事无常，阿拉伯舰队遭遇风暴的进一步打击，撞到西尔永的岩石上，几乎全军覆没。拜占庭人抓住了这个他们急需的、难得的反击机会，将疲惫不堪的阿拉伯人围困在吕西亚。在一场决定性的交战中，3万名阿拉伯士兵丧生。这是半个世纪以来拜占庭对抗阿拉伯人的第一次胜利，阿拉伯战车看起来并不总是战无不胜。

阿拉伯人对失败大为震惊，拜占庭人则乘胜追击，航行到泰尔和西顿，将阿拉伯人驱逐回了黎巴嫩山区。君士坦丁四世占领了加利利和黑山之间的土地，并唆使马代特掠夺者骚扰阿拉伯人。一场强烈的地震撼动了美索不达米亚，摧毁了埃德萨，阿拉伯人的进攻终于停了下来。穆阿维叶签署了停战协议，根据协议，阿拉伯人需要每年向拜占庭缴纳21.6万诺米斯玛塔、50名奴隶和50匹马，但可以保留罗德岛的土地。第二年，在担任了20年的叙利亚总督和两年的哈里发之后，穆阿维叶离世，他的儿子耶齐德继位。尽管穆阿维叶统治期间王国版图得到极大扩张，国力大大增强，但他贪得无厌，将整个阿拉伯世界的财政和军事力量都投入征服君士坦丁堡的行动中，最终一败涂地。

当另一场阿拉伯内战爆发时，君士坦丁四世抓住动荡的机会，洗劫了叙利亚海岸。685年，

阿布德·马利克重新统一倭马亚世界后,君士坦丁四世在临终前同意签署永久停战协议。协议规定未来10年,阿拉伯人需每天向拜占庭缴纳1000枚金币、1匹马和1个奴隶,作为回报,马代特人将从黎巴嫩撤军——两国平分塞浦路斯的税收。后来,君士坦丁四世的儿子查士丁尼二世违背协议,给拜占庭带来了灾难,使阿拉伯在休养生息后有了再次进攻拜占庭的借口。然而,心理上的竞争已经被扳平——拜占庭不会像萨珊王朝那样屈服,君士坦丁堡也不会。

拜占庭军队和阿拉伯军队

拜占庭拥有一支装备精良、组织严密、富有军事传统的11万人大军。军队以重骑兵为核心,由远程和近战部队组成。士兵们穿着沉重的铁链、鳞甲和盔甲,他们的马匹也不例外。拜占庭士兵挥舞着批量生产的长矛、狼牙棒、剑和盾牌,与敌人展开激烈的战斗——以便训练有素的骑兵能从侧面包杀敌人。

由于没有正式军饷,阿拉伯士兵奋勇杀敌的动力来自宗教狂热或战利品掠夺。事实上,他们的大部分武器和盔甲都是从战场上掠夺而来的。他们穿着轻便,两件锁子甲加上伊拉克青铜泪滴式头盔或只戴头巾。阿拉伯军队以一支精锐骑兵先锋为核心,由两个骑兵侧翼和一个步兵核心辅助作战。

步兵挥舞短剑、长矛和盾牌保护弓箭手,而弓箭手则使用汉志长弓(由简单的桶板制成)牵制敌军骑兵,以便自己的骑兵能挫败敌军;进攻,撤退,反击,然后展开决定性的包抄。骑兵们用长矛打破防线,刺穿敌人身体,让他们落荒而逃。由于缺少马匹,士兵们牵着马步行到战场,只在关键行动中骑上马背,其余时间都依靠在驼峰上固定了木架马鞍的骆驼。

▲ 阿拉伯军队和拜占庭军队都以骑兵为主,但轻装的阿拉伯部队拥有更强的机动性

使用希腊火赢得胜利

用这种可怕的燃烧弹烧毁敌船，夺取胜利之路，保卫拜占庭首都

希腊火是中世纪战争中最可怕的武器之一。作为一种燃烧性化学物质，希腊火可以附着在木头和肉上持续燃烧，无法用水扑灭。虽然用沥青和油浸泡的燃烧弹在中世纪被广泛使用，但希腊火是拜占庭帝国的专利，它的成分一直以来都是严格保守的秘密。人们普遍认为它是7世纪由赫利奥波利斯的犹太难民卡利尼科斯发明的。它由罐子盛装或通过管子泵出，击退了对君士坦丁堡的多次围攻。事实上，它的致命威力被视为帝国得以长久维持统治的原因之一。

你需要……

醋

泵和软管

锅

小弹射器

Greek Fire

希腊火的配方

龙头

如何让如此恐怖的武器更加骇人？当然要让它从神秘的野兽头部喷出，或者至少在金属盾牌的保护下喷出。

导火线

除非被点燃，否则它是无用的。喷嘴末端的导火线会在发射时被点燃。

泵

火焰喷射器的触发器是一个泵，需要上下推动以喷射希腊火。

大汽锅

存放致命物质的加热金属容器，随时准备送拜占庭的敌人下地狱。

青铜喷嘴

一种可调节的炮口，用来将希腊火对准敌军的船只和士兵。

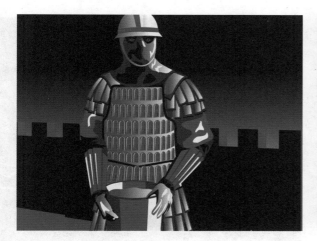

01 安全检查

使用的武器是中世纪版的凝固汽油弹时，最好做一次健康和安全检查。最有效的做法是穿着浸过醋的皮衣，如果实在找不到醋，也可以用尿来浸泡。无论你在任何位置，都要确保手边有一桶沙子，以防万一。

02 设置陷阱

希腊火的一个缺点是它只有大约6米的射程，所以需要吸引敌人的舰队靠近，以便充分发挥自制秘密配方的威力。在15艘旧船的前后安装喷火软管应该足以诱惑1000艘罗斯船只，不是吗？

03 全力发射

别让努力付之东流。虽然相当令人生畏，但必须让罗斯的船只尽可能靠近。当它们离得足够近，近到能听到他们过早发出的胜利欢呼声时，就可以启动发射泵，让他们尝尝希腊火的滋味了。发射器发出的噪声和滚滚黑烟使战场变得异常恐怖。

04 无须精准

显然，最好瞄准那些很快就会着火的船只，当惊慌失措的船员徒劳地试图用水灭火时，情况只会变得更糟。不必担心燃烧弹掉进海里——在海里它仍会持续燃烧，以确保那些弃船而去的士兵在试图游泳逃离时也被烤上一烤。

05 加入战斗

一些敌人试图逃离，所以也要让在海边壁垒驻守的同伴们做一些准备。即使没有足够的软管，装满希腊火和燃烧灯芯的小罐子也将成为中世纪燃烧弹，供士兵们赤手投掷或通过弹射器发射。

06 老式战争

尽管希腊火是一种有效的武器，但它有限的射程和供应意味着它所造成的伤害和恐惧是有限的。在敌人陷入混乱时，需要借助陆军和海军趁机消灭入侵者。任何逃离的幸存者都可以传播这一信息，即拜占庭皇帝和他的秘密武器不是好惹的。

为何没能以希腊火取胜

虽然希腊火对大多数入侵敌军来说是一种威慑，但1453年入侵的奥斯曼人对它并不忌惮，因为它已经有几个世纪未被使用过了。事实上，奥斯曼帝国成功征服了君士坦丁堡，将其重新命名为伊斯坦布尔，并将它作为自己的首都。

奥斯曼人研制出了自己的希腊火，他们的胜利不仅将拜占庭帝国，也将其最可怕武器的秘密尘封于史册。

直到今天，希腊火的确切成分对世人来说仍是未解之谜。虽然这个配方在拜占庭帝国代代相传，但因害怕落入敌人之手遭到反噬，所以从未被以文字形式记录下来。

四次使用希腊火的著名战役

围攻首都
678 年
倭马亚哈里发的围城部队是第一支体验希腊火威力的部队，他们的海军被希腊火点燃。

阿拉伯进攻
718 年
尽管阿拉伯军队势不可挡，但皇帝利奥三世的海军还是在希腊火的帮助下赢得了胜利。

斯拉夫的托马斯
822 年
在斯拉夫人托马斯的起义中，双方都持有希腊火，但皇帝米哈伊尔二世对它的运用更胜一筹。

对抗罗斯人
941 年
罗曼努斯一世·利卡潘努斯皇帝用他最喜欢的致命武器在海上成功击败了入侵的罗斯舰队。

149

皇帝的北方
保卫者

维京人如何成为拜占庭皇帝保卫者的非凡故事

对于拜占庭皇帝巴西尔二世来说，成为帝国真正统治者的愿望曾经看起来永远无法实现。巴西尔5岁继位，成为拜占庭名义上的皇帝。他的童年在多位将军为夺取皇权而发动的政变中度过。在他20多岁的时候，他终于亲政，而等待他的是来自四面八方和首都君士坦丁堡的叛乱。

巴西尔二世撑了下来，他除掉了以他的名义统治帝国的叔祖父，并用计令叛军的将军们自相残杀。然而，现在他的敌人驻扎在博斯普鲁斯海峡和达达尼尔海峡的东岸，阻碍了有可能前来增援的拜占庭帝国军事中心安纳托利亚的援军。叛军将领巴达斯·福卡斯在前往君士坦丁堡的路上途经安纳托利亚，在那里集结了支持他的普通士兵和贵族。如果巴西尔二世想渡过难关，他就得去别处寻求帮助。

到目前为止，巴西尔二世唯一的一次军事远征——针对保加利亚人的领袖沙皇萨缪尔的进攻——完全是一场灾难，唯一庆幸的是他在战斗中得以保全性命。在49年的漫长统治中，有一样东西在巴西尔二世身上从未缺席，那就是自信。就这一点来看，巴西尔二世是统治者的典型，但在其他方面，他完全不同于掌握绝对权力的统治者。首先，也是最值得注意的是，他始终未婚。在一个确保子女继承权尤为重要的时代，巴西尔二世不婚的决定非同寻常。这似乎源于他想要全身心为拜占庭帝国服务的决心。除了禁欲，他还经常禁食，在他的臣民看来，他的身材似乎缺乏帝王的威严。一位编年史作者抱怨道："他的脖颈处没有衣领的装饰，头上没有皇冠的点缀，他还拒绝穿紫色斗篷，甚至把多余的戒指和色彩艳丽的衣服都收了起来。"

巴西尔二世蔑视权力的外部标志，但他在学习运用权力杠杆方面却相当彻底。他掌握了从税

> **然而，尽管没有先例，巴西尔二世还是愿意为了帝国和延续统治放弃他的妹妹。**

收到攻城战等治国之道的所有细节。

事实上，巴西尔二世与他求助之人的唯一相似之处是他们都精通骑术。当叛军在君士坦丁堡周围盘踞不去时，巴西尔二世决定传话给基辅大公弗拉基米尔，请求他履行他父亲对拜占庭皇帝的承诺，向自己施以援手。

很难想象两个截然不同的统治者将如何共事。巴西尔二世禁欲，而弗拉基米尔则因他的性欲而臭名昭著，他有四个妻子和八百个嫔妃，同时还在王国中大肆掠夺臣民的妻子和女儿。

因此，当弗拉基米尔回复巴西尔二世说支持巴西尔二世的代价是将巴西尔二世的妹妹安娜嫁给他时，巴西尔二世感到有些震惊，但也许并不意外。更糟糕的是，弗拉基米尔是个狂热的异教徒。在这之前从来没有过皇室公主嫁给"野蛮人"的先例；即使是西欧最伟大的国王，包括

▲ 巴西尔二世的加冕仪式

▲ 一幅被损毁的巴西尔二世壁画的复制品

东方的维京人

我们所了解的关于俄罗斯和乌克兰人的早期历史，几乎都来自僧侣内斯特所著的《原初编年史》，即《往年纪事》。虽然现在的学者认为其他作者对编年史也有所贡献，但《原初编年史》仍是我们关于那段历史的主要信息来源。在书中，内斯特讲述了诺夫哥罗德附近斯拉夫人部落之间持续的战争及他们与维京人的纠葛。维京人利用河流作为高速公路，乘帆船长驱直入到这片森林茂密的土地内部。

维京人通常先以商人的身份与当地人接触，一旦发现足够多的财富，就会变身为掠夺者甚至征服者。但是沃尔霍夫河沿岸的斯拉夫部落——这条河是唯一一条深入内陆的重要河流，向北流入波罗的海，而不是向南流入黑海——联合起来驱逐了这些入侵者，结果却令自己陷入了无政府状态。没有部落能够统一全局，每个部落都沦落到原始战争的状态，即托马斯·霍布斯在《利维坦》中所描述的所有人对所有人的战争。他们向瓦兰吉罗斯人派遣了一个使团，邀请他们接管部落的统治权。瓦兰吉罗斯人有可能是瑞典的维京人，对于这样一个追求黄金和荣耀的民族来说，答案是不言而喻的：三兄弟，带着他们的家人和随从，沿着孕育了罗斯人的漫长河流乘船出发了。到达后，他们把这片土地以他们的民族命名为：罗斯。

三兄弟中的首领名叫鲁里克，在前往靠近沃尔霍夫河源头的诺夫哥罗德前，他先在拉多加建立了基地。在他的兄弟们相继去世后，鲁里克向南方派遣了一支远征队，前往传说中的财富之城君士坦丁堡。远征队在途中（乘船航行，必要时在陆路运送船只）征服了基辅，然后向君士坦丁堡发起了进攻。这次袭击发生在860年到866年，是拜占庭帝国和瓦兰吉罗斯人之间有记录的第一次对战，维京人摧毁了这座伟大城市的周边地区。对于拜占庭人来说，这是与他们北方新邻居的一次不愉快的会面。鲁里克建立的王朝孕育出了俄罗斯的第一批沙皇，他们的统治将持续到1598年。

▲ 向鲁里克和他的兄弟发出成为斯拉夫部落王子的邀请

▲《海外来客》，尼古拉斯·洛里奇绘，1901年。对罗斯人来说，顿河、第聂伯河和伏尔加河不是屏障，而是通往南方腹地的高速公路

查理曼大帝在内，在表示想要与拜占庭皇室联姻时，都遭到断然拒绝。拜占庭皇帝认为自己是罗马皇帝的后代，事实上，帝国编年史学家也总是把拜占庭称为罗马。因此，从拜占庭皇帝的角度来看，任何一个欧洲国王，都是"野蛮人"的后裔，是与皇室完全不匹配的。因为当求婚者的祖先还在崇拜棍棒和石头，从胡须上挑虱子的时候，拜占庭的祖先就已经实现文明了。按照传统，将安娜嫁给异教徒军阀是完全不可能的。

然而，尽管没有先例，巴西尔二世还是愿意为了帝国和延续统治放弃自己的妹妹。巴西尔二世回复弗拉基米尔说愿意把安娜许配给他，条件是他要皈依基督教。对弗拉基米尔来说，他觉得自己应该遵守父亲对前拜占庭皇帝约翰·齐米斯基斯的誓言，在受到召唤时提供帮助；他将会尽快派遣一支由6000名全副武装的瓦兰吉人组成的军队支援巴西尔二世。

至于皈依基督教，弗拉基米尔本人似乎也在考虑这种可能性。在他统治的早期，弗拉基米尔曾试图将斯拉夫人的异教信仰强加给他的臣民，他在基辅建造了许多神像和神龛。根据《原初编年史》（编纂于1113年）的记载，对这些神的崇拜包括人祭，其他资料也表明《原初编年史》的记录很有可能是真实的。弗拉基米尔的祖母信奉基督教，弗拉基米尔也在军事行动中对他遇到的各种宗教主张产生了兴趣。随着弗拉基米尔权力的逐渐增长，这些宗教纷纷派代表来到宫廷请求他皈依。

想要说服他和他的臣民皈依的信仰众多，弗拉基米尔决定派出大使代他学习，以找出最佳信仰。他派出10个人去观察并对这些信仰做出报告。回国后，使节们告诉弗拉基米尔和他的波维尔[1]们，他们在保加利亚没有看到幸福，只看到"悲伤和可怕的恶臭"。他们参观了德国的天主教

---

① 沙俄贵族阶层成员，地位仅次于王公，后被彼得大帝废除。

教堂，参加了许多仪式，但"在那里没有看到荣耀"。然而，当他们去君士坦丁堡参加圣索菲亚大教堂的神圣礼拜仪式时，"我们不知道自己是在天堂还是在人间，因为在地球上不可能有这样的辉煌和美丽，我们不知道该如何描述它。我们只知道上帝住在人间"。

对弗拉基米尔来说，皈依基督教在政治和宗教上都是有利的，因为与拜占庭帝国的联盟将给他带来其他宗教无法赋予的威望。此外，对于追求成功的大公来说，只有与皇室联姻才能有足够的理由让他的臣民皈依新的宗教信仰。

因此，对于所有利益相关者来说，弗拉基米尔对东正教的兴趣与巴西尔二世突然急需增援刚好适逢其时。

▲ 铸有巴西尔二世和他的兄弟君士坦丁八世肖像的硬币，君士坦丁八世名义上是巴西尔二世的共治皇帝，但实际上他非常愿意让他的兄弟执掌帝国

瓦兰吉人骁勇善战广为人知：事实上，911年拜占庭和罗斯人签订的一项条约曾明确规定，拜占庭赋予罗斯战士为帝国效力的权利，"……无论何时，无论人数"。瓦兰吉雇佣兵部队觊觎拜占庭的巨大财富，稳步向南行进，沿着第聂伯河和顿河进入黑海，前往他们称之为"Miklagard"的君士坦丁堡——他们为拜占庭皇帝战斗过的地方。

此刻，巴西尔二世急需帮助，他劝说妹妹，为了帝国和哥哥的利益，她应该接受与弗拉基米尔的联姻。弗拉基米尔则传话说，他愿意接受洗礼，以换取与安娜携手白头。交易达成后，巴西尔二世在君士坦丁堡开始了漫长的等待。

不幸的是，弗拉基米尔决定对巴西尔二世的求助暂时置若罔闻。巴西尔二世足足等了一年。在这一年里，忠诚的帝国海军捍卫了他的皇位。他们不断地在博斯普鲁斯海峡、达达尼尔海峡和马尔马拉海巡逻，成功阻止了企图穿越的巴达斯·福卡斯军队。巴西尔二世知道除了瓦兰吉人，没有人能帮他在陆地上对抗巴达斯·福卡斯。最后，在临近这一年的至暗时刻，瞭望者发现了一支巨型舰队正穿越黑海向君士坦丁堡驶来。弗拉基米尔终于履行诺言，瓦兰吉人来了。

在6000名听命于他的维京战士到达后，巴西尔二世迅速制订作战计划。2月下旬的一个漆黑夜晚，巴西尔二世率领瓦兰吉人横渡博斯普鲁

弗拉基米尔回到基辅后判若两人，对他的八百多个妻妾置若罔闻。

▲ 阿拉伯旅行者伊本·法德兰在遇到伏尔加维京人时描绘的他们的祭祀仪式

献给众神的血礼

10世纪的阿拉伯旅行家伊本·法德兰生动地描述了安娜觉得与其嫁给罗斯王子，还不如死去的原因。他讲述了自己与在伏尔加河沿岸进行贸易的维京人接触的经历。根据法德兰的说法，他们是他见过的最"完美的身体样本"，因此安娜至少可以期待一个英俊的丈夫。但正是在法德兰对酋长死亡仪式的描述中，我们看到了拜占庭公主如此不愿远嫁的原因。

法德兰听说过一种死亡仪式，他想亲眼见证，因此当伏尔加维京人的一位酋长去世时，他请求参加葬礼。

酋长死后，尸体先埋在墓穴里保存，10天后取出。地下阴冷，取出时尸体皮肤已经变黑。在尸体封存期间，族人会从他的女奴中选出一个自愿陪他去天国的女孩儿。在10天的准备期间，这个女孩儿将享用最好的食物和饮品，在最后的日子里纵情欢乐。

死亡仪式当天，一个被称为死亡天使的老妇人负责尸体摆放事宜。尸体由族人抬到河岸上的船里，摆放在他的武器和祭祀物品中间。当动物被献祭时，女奴走进酋长部下的帐篷与他们交欢。接着，她来到一个门形入口，由族人高高举起三次。伊本·法德兰被告知，女奴此时看到了另一个世界，她死去的亲人和主人在那里等待着她。

在死亡天使把女奴带到死去的主人那里之前，女奴喝下醉人的烈酒，唱着歌和她的同伴们告别。女奴进入船舱后，酋长的族人开始敲打盾牌，随后六个男人进入船舱与女奴交欢。之后，她躺在死去的主人身边，四个男人分别抓住她的手和脚，死亡天使将绳子绕在她的脖子上，交给剩下的两个男人。最后，死亡天使用尖刀刺向女奴，拿着绳子的男人则用力勒死她。

女奴死后，酋长的亲人和族人手持燃烧着的木头，扔向船只，把酋长和女奴送入火海。

难怪安娜不想远嫁。

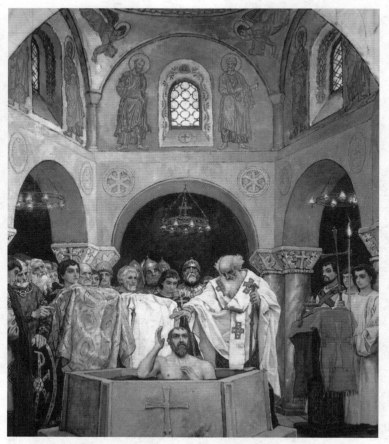
▲《圣弗拉基米尔大公的洗礼》，维克托·瓦斯涅佐夫绘，1890年。欧洲历史上最重大的洗礼之一。弗拉基米尔皈依基督教使俄罗斯走上"神圣俄罗斯"的道路

一个港口，他就能集结足够的船只，将他的部队运送到海峡对岸，从东南方登陆君士坦丁堡。但是阿拜多斯港将士的顽强抵抗和帝国海军的持续巡逻，挫败了横渡达达尼尔海峡的所有行动。与此同时，巴西尔二世已做好准备，3月中旬，他带着瓦兰吉部队出发了。

巴西尔二世和他的瓦兰吉部队从达达尼尔海峡东岸登陆，与巴达斯·福卡斯及其从安纳托利亚精锐中集结的部队对峙。双方都试图在从阿拜多斯向东延伸的平原上占据有利位置。

989年4月13日黎明，巴西尔二世下令进攻。由庞大的瓦兰吉部队发起的第一轮猛攻打散了叛军。但巴达斯·福卡斯集结士兵重新整队，他为夺取皇位奋斗了这么久，付出了这么多，他不允许他的部下溃不成军。

然而，接下来发生的事情出人意料。当巴达斯·福卡斯鞭策士兵冲锋时，他看到了骑在马背上正鼓励瓦兰吉部队创建伟大功绩的巴西尔二世。福卡斯不顾手下的劝阻，骑马向敌人的战线疾驰而去。他独自策马直奔巴西尔二世，剑锋直指拜占庭皇帝。

眼看这场皇位争夺战即将变成皇帝和将军的决斗，两支军队大惊失色。巴西尔二世并没有退回到保镖中间，而是一手执剑，一手拿着以其神

斯海峡。因为船桨上涂满了油，所以经验丰富的桨手在划进黑色水域时没有发出任何声音。登陆后，他们蹑手蹑脚地在夜色中来到敌军的营地，耐心等待黎明。

当第一道曙光来临时，巴西尔二世派瓦兰吉人从陆地上发起了进攻，帝国海军的船只则从水上向毫无戒备的叛军投掷希腊火。战斗迅速演变为屠杀，叛军几乎无人生还。

但是叛军领袖巴达斯·福卡斯幸免于难。在视察过预备队后，福卡斯收到部队受袭的消息，他立刻带领预备队与在达达尼尔海岸驻扎的另一支部队会合。如果他能占领达达尼尔海峡的其中

奇力量闻名的圣母像，在他的士兵前面等待与对手的最后一战。

当巴达斯·福卡斯疾驰而来时，他似乎因眩晕而松开了缰绳。马因感受不到主人的催促而放缓脚步，最后停了下来。巴达斯·福卡斯从马鞍上摔到了地上。这位本可以成为皇帝的将军就这么死了，身上没有任何伤痕。当代编年史学家将巴达斯·福卡斯的死归因于慢性毒药、疾病或巴西尔二世所持圣母玛利亚像的影响。当代历史学家则认为，战斗压力和劳累引起的突然中风可能导致了将军的死亡。

无论什么原因，首领死后，士兵溃不成军。对于巴西尔二世的瓦兰吉部队来说，这是一个夺取战利品的好机会。他们扑向惊慌失措的人群，屠杀并掠夺财物。

瓦兰吉人证明了他们的价值。现在巴西尔二世必须履行他的承诺。

然而，安娜并不热衷于开启她在瓦兰吉人中的新生活，她的行程被推迟了。为了加速联姻进程，弗拉基米尔夺取了黑海北岸一个重要的帝国前哨城市。6000名瓦兰吉雇佣兵仍驻扎在君士坦丁堡的军营，巴西尔二世目睹了他们在战斗中的强大，他决定不能让安娜再拖延行程了。

尽管流着泪——"我还不如死在这里"——安娜还是与侍女和牧师一起登船，开启了穿越黑海与未婚夫团聚的旅程。

弗拉基米尔在他夺取的帝国前哨等待安娜。公主到达后，弗拉基米尔受洗为基督徒，并迅速与安娜公主完婚。

婚后，弗拉基米尔把这个前哨还给了拜占庭，然后沿着第聂伯河返回了基辅。

回到基辅后，弗拉基米尔判若两人。他抛弃了四个妻子和八百个嫔妃，然后，在支持他的波维尔们的陪同下，将佩伦神像推倒，在泥地中拖

▲ 在切尔尼希夫，即现乌克兰境内的一个坟堆中发现了一对10世纪的饮水角，通过它们人们得以一窥瓦兰吉人的世界

行，最后扔进了第聂伯河。他还下令，如果神像被冲回岸边，就再把它推入河中，直到它越过瀑布为止。在弗拉基米尔的支持下，基督教在罗斯盛行起来。

至于巴西尔二世，与叛军作战的10年让他懂得了拥有一支远离贵族家族政治和竞争的护卫队的价值，而弗拉基米尔的瓦兰吉人对此给出了完美的解决方案。忠于巴西尔二世的瓦兰吉人成了他的私人护卫队，他们在必要时还充当突击部队，誓死保卫巴西尔二世和他的继任者。虽然这支护卫队最初主要由挪威人和他们的后裔组成，但1066年后，越来越多被流放的盎格鲁-撒克逊士兵想为拜占庭皇帝效忠，这支护卫队变为斯堪的纳维亚人与英国人并驾齐驱的军事单位。事实上，直到1404年，还有关于"手持斧头的英裔战士"的记载。此后，瓦兰吉人就在历史记录中消失了。

曼齐刻尔特战役

拜占庭—亚美尼亚—曼齐刻尔特，1071 年 8 月 26 日

1071年对拜占庭帝国来说是灾难性的一年，而对塞尔柱帝国来说却是成果丰硕的一年。两国之间的仇恨源于23年前的征服行动。

易卜拉欣·伊纳尔是塞尔柱帝国著名创始人图格里尔·贝格的养兄，在1048年发起了塞尔柱对拜占庭领土的第一次入侵，当时他率军攻入了伊比利亚半岛（今天的土耳其东部）。惊慌失措的君士坦丁九世皇帝请求格鲁吉亚的利帕里特四世增援，但援军无法阻止这场灾难。

在将阿尔策镇夷为平地后，伊纳尔以卡佩特鲁战役的胜利结束了在安纳托利亚的战斗。在卡佩特鲁的夜间战中，塞尔柱2万大军以计谋击败了5万敌军。之后，伊纳尔又俘虏了利帕里特四世，最后他带着10万名俘虏和需要1万只骆驼来运输的大量战利品凯旋。然而伊纳尔并没有一直得偿所愿——1058年，他因背叛图格里尔，被后者用弓弦勒死。

尽管形势在狡猾的敌人那里发生了可怕的逆转，但君士坦丁九世还是在1053年做出了一个令人费解的决定：解散当时拥有5万名士兵的伊比利亚军队。历史证明，这位皇帝因相信1049年与塞尔柱人签订的停战协议而犯下了一个重大错误。

对于拜占庭人来说，不幸的是，1059年，

▲ 阿尔普·阿尔斯兰象征性地将脚踩在罗曼努斯四世的脖子上，以证明对方的失败

另一个无能的统治者君士坦丁十世继位。他大幅削减拜占庭军队的军费和训练，并用雇佣兵取代士兵。在塞尔柱人入侵越演越烈的时刻，君士坦丁十世以与君士坦丁九世极为相似的方式削弱了帝国的实力。

君士坦丁十世的愚蠢在1064年残酷地凸显出来，当时塞尔柱大军直接违反最近才达成的停战协议，在阿尔普·阿尔斯兰（他在1063年被任命为帝国苏丹，他的名字意为"英勇的狮

曼齐刻尔特战役标志着拜占庭皇帝第一次成为阿拉伯指挥官的俘虏。

▲ 获胜的塞尔柱人围捕他们的俘虏

阿尔斯兰的胜利给这座城市的人们带来了灾难。根据一位历史学家的说法，"这座城市尸横遍野"。

子"）的指挥下，围攻了位于今天土耳其东部的阿尼城。

得益于其处于多条贸易路线上的有利位置和复杂的防御工事，阿尼城拥有约10万人口，是当时世界上最大的城市之一。然而，当阿尔斯兰发起进攻时，这些防御工事都于事无补。狡猾无情的阿尔斯兰在25天内攻占了这座城市。他的胜利对这座城市的所有人来说都是一场毁灭性的灾难。根据阿拉伯历史学家锡比特·伊本·阿加瓦兹的说法，"这座城市尸横遍野"。

拜占庭上层社会愁云惨淡，然而，很快便出现了一丝希望。1067年11月，君士坦丁十世终于咽下了最后一口气，他的死令贵族们可以拥立一位更有才干的新领袖。

1068年，罗曼努斯四世·第欧根尼被选为皇帝（同年诺曼人开始围攻拜占庭的关键要塞巴里），他立刻着手改革处于困境的军队，以扭转帝国的颓势。

罗曼努斯四世在遏制塞尔柱威胁方面取得了一些胜利。他派曼努埃尔·科穆宁将军夺取了今天叙利亚北部的曼比季市，并从阿尔斯兰的魔掌中拯救了艾科尼厄姆。然而，事态并没有按计划

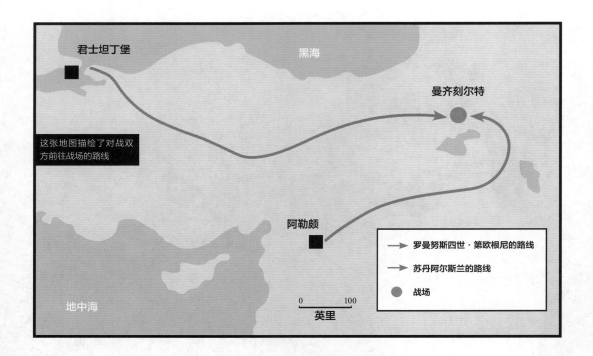

这张地图描绘了对战双方前往战场的路线

君士坦丁堡

曼齐刻尔特

黑海

阿勒颇

地中海

→ 罗曼努斯四世·第欧根尼的路线

→ 苏丹阿尔斯兰的路线

● 战场

0   100
英里

发展，科穆宁将军被俘虏，塞尔柱人紧接着攻占了小亚细亚的曼齐刻尔特要塞。

然而，尽管阿尔斯兰的塞尔柱大军看起来势不可挡，但实际上他们已经不堪重负，处于极度危险的边缘，因为阿尔斯兰与他视为主要对手的埃及法蒂玛王朝战火不断，消耗巨大。

阿尔斯兰于1029年出生在中亚花剌子模地区，他的父亲察吉里·贝格是图格里尔的侄子，享有包括今天的伊朗、阿富汗和土库曼斯坦在内的呼罗珊大片土地的继承权。1060年父亲去世后，31岁的阿尔斯兰开始掌权，历史证明他是一个精明的政治操纵者，和平与战争的巧妙结合使他得以逐渐扩张帝国版图并确保经济的蓬勃发展。受到军事胜利的鼓舞和拜占庭软弱的激励，阿尔斯兰不停进犯，成为逐渐衰落的拜占庭帝国的眼中钉，双方最终在1069年谈判达成了一项脆弱的和平协议。

由于双方已经达成谅解，罗曼努斯四世在1071年提出延续休战协议时，阿尔斯兰没有理由怀疑他的诚意。然而，我们很快就会发现，其中一方并不诚实。

罗曼努斯四世暗中调动军队，将他所计划的绝妙背叛付诸行动。一支4万人的军队（包括1万名拜占庭士兵、500名诺曼雇佣兵、瓦兰吉卫队、安条克公爵指挥的步兵，以及来自英格兰、保加利亚、格鲁吉亚和法兰克帝国的雇佣兵）开始向罗曼努斯四世迫切希望收复的曼齐刻尔特进军。

在经历了一段炎热的跋涉后，拜占庭大军终于通过了幼发拉底河上游。当队伍向目标逼近时，罗曼努斯四世不顾尼基弗鲁斯·布林纽斯等将军加强拜占庭阵地防御的请求，派约瑟夫·塔奇诺特将军指挥2万名士兵奔赴阿赫拉特要塞；剩下的士兵则同罗曼努斯四世一起赶往曼齐刻尔特。

与此同时，阿尔斯兰并没有惊慌失措。他一如既往之狡诈，率领重骑兵掩人耳目绕过了凡湖，塔奇诺特对他即将遭遇的突袭浑然不知。阿尔斯兰出其不意攻其不备发起进攻，据一些消息人士的说法，拜占庭人一看到阿尔斯兰便拔腿就跑。

然而，一位经验丰富且率领2万大军的将军

会如此轻易逃跑的说法遭到了质疑，一些历史学家认为，塔奇诺特实际上是更大阴谋中的一步棋，目的是加速罗曼努斯四世的垮台。

罗曼努斯四世对损失一半兵力的事实一无所知。8月23日，他毫不费力地攻占了曼齐刻尔特。然而，拜占庭军队要面对的真正考验还在后面，他们将再次因皇帝的短视而战败。

在攻占曼齐刻尔特的第二天，拜占庭人发现了阿尔斯兰的军队。但罗曼努斯四世再次失算，他以为这不是阿尔斯兰的全部兵力，所以只派出少量骑兵迎战，这些骑兵很快就被敌军歼灭。

无论如何，罗曼努斯四世都认为没有必要撤退，他的营地仍然驻扎在曼齐刻尔特城墙外平坦开阔的土地上。25日，命运给了他一次逃跑

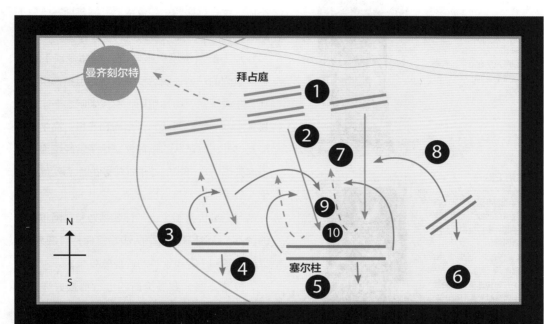

罗曼努斯四世为何在曼齐刻尔特战役中战败

1. 罗曼努斯四世下令列阵
罗曼努斯四世命令他的2万名士兵排成纵深数列的一列长队，骑兵排在两翼。由他亲自指挥中路，布林纽斯负责左路，阿利亚特负责右路。奇怪的是，他把后备部队托付给了公开对他表示厌恶的安德洛尼卡·杜卡斯。

2. 拜占庭士兵向前推进
罗曼努斯四世自信能够引诱塞尔柱人加入激战，他命令部下向前推进。他们消耗巨大但收效甚微。

3. 来自空中的致命袭击
塞尔柱骑射手利用平坦的地势，将拜占庭军队驱赶至射程之内，箭矢如雨点般落下。

4. 难以捉摸的敌人
拜占庭士兵持续追击，只为扰乱阿尔普·阿尔斯兰部队的阵型，以便近距离作战。

5. 阿尔斯兰营地的陷落
拜占庭人在下午夺取了塞尔柱人的一个营地，他们为这场胜利付出了巨大代价。

6. 黑暗降临
失去营地对阿尔斯兰来说没有任何影响，他一直占据较高地势。

7. 撤退！
罗曼努斯四世撤回营地过夜。在混乱的撤退过程中，流言四起，有谣言称罗曼努斯四世已经倒下。拜占庭军队开始陷入混乱。

8. 阿尔斯兰开始行动
阿尔斯兰命令骑兵冲锋。当第一波骑兵重创罗曼努斯四世率领的中部时，其他士兵绕到了两翼。

9. 保护皇帝
在短暂的对战中，拜占庭损失了8000名士兵。罗曼努斯四世的瓦兰吉私人卫队血战至死，罗曼努斯四世本人也同样英勇，一直战斗到马匹阵亡，执剑的手受伤，才被迫投降。

10. 臣服的国王
罗曼努斯四世铐着铁链躺在死人堆里，在奄奄一息地度过了一夜后才带到阿尔斯兰面前。在被囚禁了一个星期后，被阿尔斯兰释放。

拜占庭帝国

士兵：4万，民族：7个

罗曼努斯四世
主要领导人

为了消除塞尔柱人对安纳托利亚的威胁，罗曼努斯四世决定先夺取战略要地，再击溃阿尔斯兰的军队。

优点：
罗曼努斯四世经验丰富，勇敢无畏，在前线指挥作战。

弱点：
面对阿尔斯兰的进攻，无论是在战前还是在战中，罗曼努斯四世都表现出战术上的经验不足。

瓦兰吉卫队
关键部队

这些精锐的帝国护卫队士兵大部分来自北欧，他们在这场无望的斗争中英勇保卫罗曼努斯四世。

优点：训练有素，全副武装，忠于皇帝。

弱点：在与快速移动的骑兵弓箭手对阵时暴露严重。

丹麦斧
关键武器

作为瓦兰吉卫队最喜欢的武器，丹麦斧的特点是有桦木或橡木手柄（可长达 1.2 米）和细长有角的钢头。

优点：通过特殊技术锻造，异常坚固、锋利。在近距离战斗中机动灵活。

弱点：对从远处射击的骑兵弓箭手毫无防御力。

的机会，但他再次错过。面对塞尔柱大使提出的和平协议，罗曼努斯四世坚定不移，发誓要战斗到底。

阿尔斯兰立即派出骑兵弓箭手，让罗曼努斯四世为拒绝他付出了代价。这些骑兵能够骑射，他们在夜间不停地向拜占庭营地发射飞弹。

罗曼努斯四世的军队本打算在第二天向塞尔柱人发起进攻。然而，夜间对抗已经使他们疲惫不堪，土耳其雇佣军趁夜叛逃到阿尔斯兰阵营的消息又使他们的士气遭到了进一步打击。

拜占庭皇帝没有被吓倒，他命令部下排成纵深数列的一列长队。罗曼努斯四世指挥中部士兵，左翼听命于布林纽斯，右翼则听命于来自土耳其中部卡帕多西亚的将军阿利亚特。命中注定的是，他将预备队的指挥权交给了曾经统治过拜占庭并想再次夺权的杜卡斯王朝的后裔安德洛尼卡·杜卡斯。

拜占庭士兵整个上午都在竭力引诱阿尔斯兰的骑兵，而阿尔斯兰军队却始终保持弯曲阵型，以避免不利于轻甲士兵的近距离战斗。

夜幕降临，罗曼努斯四世觉得最好还是撤退。在他所有的抉择中，这将被证明是最具灾难性的。开始撤退后，原本排列紧密的拜占庭军队出现缺口。军中趁机传出罗曼努斯四世已经倒下的谣言，本已混乱不堪的局势越发不可收拾。拜占庭军队正在迅速瓦解——这是阿尔斯兰一直等待的时刻。

塞尔柱骑兵开始冲锋。随着弓弦作响，长矛和剑在惊慌失措的拜占庭队伍中劈开了多道缺口，安德洛尼卡率领部下逃离战场，这一背叛行为决定了被包围的拜占庭士兵的命运。

令人钦佩的是，在这种情况下，罗曼努斯四世和他的瓦兰吉护卫军仍然拒绝投降，他们继续作战，直到整个护卫军全军覆没，罗曼努斯四世

▲ 君士坦丁九世的策略把拜占庭推向了毁灭之路

拜占庭士兵的士气因土耳其雇佣军趁夜叛逃到阿尔斯兰阵营的消息而遭到进一步打击。

执剑的手受了重伤后，他才被迫投降。

罗曼努斯四世被铁链锁住，遗弃在大屠杀的现场，直到第二天早上才被带到阿尔斯兰面前。值得注意的是，苏丹对他的囚犯充满善意。在罗曼努斯四世被塞尔柱人囚禁期间，他作为贵宾和阿尔斯兰同桌进餐。即便如此，失败还是要付出巨大代价的。

阿尔斯兰提出的代价是立即支付 150 万金币和每年 36 万金币的贡赋，并放弃亚美尼亚、埃德萨、耶拉波利斯和安条克。罗曼努斯四世还被迫将女儿嫁给了阿尔斯兰的一个儿子。根据协议条款，阿尔斯兰将为罗曼努斯四世提供 100 名马穆鲁克骑兵护送他返回君士坦丁堡。然而，考虑到他即将面临的命运，处决他可能会更仁慈。

塞尔柱帝国

骑兵：4 万，民族：2 个

阿尔普·阿尔斯兰
主要领导人

作为一名精明强干的指挥官，阿尔斯兰统治期间在军事上取得了许多成就，并极大地扩张了塞尔柱帝国的领土。

优点：冷酷、狡猾、野心勃勃，为他的骑兵选择了有利地势。

弱点：缺少自己的重型步兵，因此几乎完全依赖骑兵。

土库曼突击者
关键部队

这些从土耳其游牧部落招募的弓箭手训练有素，在平坦开阔的地面上极具破坏力。

优点：快速、机动，能够从马鞍上向后射击。

弱点：他们的轻甲在肉搏战中毫无防御力。

东土耳其斯坦弓
关键武器

这把弯曲的弓是用木头、筋和角制成的，有被称为"耳朵"的坚硬尖端。

优点：与直弓相比，更短，爆发力更大。

弱点：需要射手有足够的时间和空间来射击。

衰亡

十字军东征中的拜占庭

所谓的"圣战"如何为基督教世界曾经最伟大的城市敲响丧钟

    在约150年的时间里，君士坦丁堡从"众城之王"沦落到在第四次十字军东征中被基督徒洗劫。君士坦丁堡的沦陷汇集了伟大史诗的所有元素：遭遇威胁的伟大城市，惩罚性围攻，数万人从西向东迁移，皇帝和教皇的政治伎俩，残酷的谋杀和重大战役。在这里我们将探索拜占庭人眼中跨越大陆的十字军东征故事，以及原本旨在从穆斯林手中夺回耶路撒冷的行动如何摧毁了世界上曾经最伟大的基督教城市。

    君士坦丁堡大约有37.5万居民，是1150年基督教世界最大的城市之一。当时可与之媲美的城市包括意大利的巴勒莫（约35万居民）和西班牙的科尔多瓦（45万居民）。拜占庭帝国的领土从意大利南部向东延伸至东欧，横跨地中海，包括今天土耳其和亚美尼亚的部分地区。君士坦丁堡位于欧亚世界的中枢要地，得益于阿拉伯人、俄罗斯人和意大利人的过境贸易，它的财富惊人，无与伦比。

    当边境遭到攻击时，这座城市的命运开始突变。塞尔柱土耳其人袭击了东部的亚美尼亚边境，而诺曼法国人则袭击了西部的意大利边境。在11世纪50到60年代后期，塞尔柱人持续蚕食拜占庭领土，帝国亟需采取行动。1071年，罗曼努斯四世·第欧根尼皇帝率大军向曼齐刻尔特进军，他以

提尔的威廉在《历史》
中描绘的从海陆两路攻
占君士坦丁堡

▲ 在基督面前的阿列克修斯一世·科穆宁的微型画像，收藏于梵蒂冈使徒图书馆

为将迎战一支孤立的土耳其部队。但出乎意料的是，他遭遇了苏丹阿尔普·阿尔斯兰的主力军。罗曼努斯四世的军队被击败，皇帝本人被俘虏，曼齐刻尔特落入塞尔柱人之手。然而，这场失败本身并没带来灾难性影响，因为当时阿尔普·阿尔斯兰关注的焦点是埃及法蒂玛王朝。他没有要求拜占庭割让土地，被俘的罗曼努斯四世几天后便被释放。

虽然罗曼努斯四世只被监禁了几天，但他的敌人行动迅速。回到君士坦丁堡后，罗曼努斯四世发现杜卡斯家族密谋造反，米哈伊尔七世·杜卡斯已经称帝。内战随后爆发并持续了10年。当帝国内部各股势力忙于争夺皇位时，诺曼人、亚美尼亚人和土耳其军阀逐渐蚕食了拜占庭领土，截至1090年，拜占庭已经失去了对几乎整个小亚细亚的控制。虽然丧失了大片土地，但拜占庭并没有像几年前那样面临严重危机。1086年，塞尔柱苏丹苏莱曼·伊本·库塔尔米什的死令王朝内部的脆弱暴露无遗。1091年，佩切涅格人同样遭受了致命的打击。换句话说，小亚细亚即将被重新征服。

1095年，拜占庭皇帝阿列克修斯·科穆宁派代表团在皮亚琴察面见了教皇乌尔班二世，向他求助。为了劝服教皇，阿列克修斯也许夸大了保护耶路撒冷的紧迫性。但考虑到他在第二年看到数万士兵时的震惊程度，阿列克修斯故意引发第一次十字军东征的可能性很小。

对教皇权力的定义在此期间发生了重大分歧，谁拥有最高权威：教皇还是世俗统治者？乌尔班二世认为是前者。他利用这个机会在西欧行使权力，同时试图将影响力扩展到拜占庭帝国。在他眼里，他是包括天主教和其他教派的所有基督教世界的领袖。乌尔班二世在皮亚琴察接见代表团，是因为他与神圣罗马帝国皇帝亨利四世不

边境遇袭

塞尔柱突厥人并不是唯一试图攻破君士坦丁堡城墙的外来力量。1071年，在罗伯特·吉斯卡尔的领导下，诺曼人从拜占庭手中夺取了对意大利南部的控制权。10年后，吉斯卡尔和他的儿子对拜占庭的巴尔干地区发动了另一次进攻，差点儿成功俘虏皇帝，为诺曼人进军君士坦丁堡创造了真正的机会。整个11世纪，拜占庭皇帝一直担心地方军发展得过于强大，地方将领过于野心勃勃——只要有少数人对荣耀怀有妄想，便足以令皇帝惴惴不安——因此，皇帝招募雇佣军为拜占庭作战，其中包括土耳其人。

例如，1090年为了对抗佩切涅格人（突厥民族，在此之前他们已经把马扎尔人，也就是匈牙利人驱赶到多瑙河对岸并占领了顿河和多瑙河之间的草原），阿列克修斯一世在整个帝国范围内招募雇佣军，许多西欧人应召入伍。这位皇帝并没有坐等西欧人，或当时被称为拉丁人的雇佣兵自愿为帝国效力，而是派拜占庭官员带着丰厚的礼物专门前往西欧招募。尽管一些雇佣兵，比如巴约勒的鲁塞尔，为了自己的利益而叛逃，但总的来说，这个政策是有效的，直到它把三支庞大的十字军大军带到君士坦丁堡门前。

▲ 坚固的、在中世纪看起来令人生畏的君士坦丁堡城墙

▲ 威尼斯圣马可大教堂里著名的青铜马是 1204 年从君士坦丁堡掠夺而来的

睦，无法在罗马接见他们。许多罗马人不接受乌尔班二世为他们的教皇，他们更喜欢亨利四世推举的教皇候选人克莱门特三世。发动十字军东征不仅是为了夺取耶路撒冷，也是出于欧洲教皇的政治需要。

1095 年 11 月，乌尔班二世第一次发表布道，号召普通民众和地主士绅一起去东方寻找上帝。反响热烈出乎预料。1096 年，第一批十字军到达君士坦丁堡。数万名拥向首都的十字军令阿列克修斯感到震惊和警觉。他曾承诺为拉丁人提供物资，但资源并不充足。十字军开始沿途掠夺城镇和村庄。尽管十字军标榜自己是解放圣地的基督教战士，但他们看起来更像入侵者。阿列克修斯担心拉丁领袖们会联合起来攻击君士坦丁堡，所以他安排不同军队独立通过博斯普鲁斯海峡，以避免聚集。他还要求他们宣誓效忠，并保证将被征服的领土都归还拜占庭。虽然不太情愿，但拉丁领袖们还是答应了。

作为回报，也为了表达感激和消除仇恨，阿列克修斯向他们分发了金、银和许多其他礼物。十字军随后进入小亚细亚，在拜占庭船只的帮助下包围了尼西亚。苏丹基力克·阿尔斯兰一世率领的塞尔柱增援部队未能突破阻碍，尼西亚于 1097 年 6 月投降。为了利用塞尔柱人的混乱，阿列克修斯派他的妹夫约翰·杜卡斯前往小亚细亚西部，占领了士麦那、以弗所和菲尼凯。

当阿列克修斯的部队进军小亚细亚时，十字军围攻了安条克——通往巴勒斯坦必经的战略

十字军虽然是基督徒，但阿列克修斯依然认为他们
对君士坦丁堡构成了威胁。他的怀疑得到了证实。

▼《十字军进入君士坦丁堡》，法国东方学画家欧仁·德拉克鲁瓦绘（1840）

173

要塞。阿列克修斯只派出少量拜占庭士兵辅助作战，给十字军提供的补给也少得可怜，十字军不得不吃煮熟的动物皮充饥。十字军的马匹奄奄一息，装备腐烂，叙利亚的严寒天气更是令处境雪上加霜。另外，一支由阿塔贝伊总督摩苏尔率领的土耳其军队即将赶到，因此，十字军在兵力上处于绝对劣势。1098年夏天，阿列克修斯调动军队增援十字军，但中途遇到的一些拉丁骑士使他相信十字军已经接近投降的边缘。阿列克修斯不想让他的军队在注定失败的战斗中消耗，于是他调转部队返回了。然而，十字军并没有战败。一个名叫彼得·巴塞洛缪的十字军战士声称他找到了耶稣受难时刺穿他身体的圣矛。许多人怀疑这一圣物的真实性，他们的怀疑确实是对的，因为真正的圣矛被保存在君士坦丁堡的大皇宫里。尽管如此，十字军仍然坚信上帝站在他们这边，出乎所有人的意料，1098年6月，安条克陷落于十字军之手。

在十字军东征中，阿列克修斯最关心的是拜占庭的命运，随着东征的继续，这个问题日益凸显。十字军虽然是基督徒，但阿列克修斯依然认为他们对拜占庭构成了威胁。当塔兰托的博希蒙德成功击败卫戍部队并占领安条克时，他的怀疑得到了证实。虽然阿列克修斯的担心是对的，但他无力改变。1098年7月，一个十字军代表团来到君士坦丁堡，邀请皇帝接管安条克，并履行他帮助十字军抵达耶路撒冷的承诺。阿列克修斯八个月后才做出回复，此时安条克已处于博希蒙德的控制之下。代表团离开时没有取得任何成果，双方关系更加紧张

十字军继续向他们的目标耶路撒冷挺进。食物再次陷入短缺，兵力再次对他们不利，但他们再次占据上风，圣城在肆意抢杀中被占领。尽管困难重重，十字军还是成功了，耶路撒冷重新回

到了基督教（特别是天主教）的控制之下。然而，拉丁人留在东欧的决定使他们和拜占庭人的关系遭到严重破坏，这一影响持续了数十年。拉丁人定居的区域被称为十字军国家，其中包括埃德萨、安条克公国、的黎波里县、耶路撒冷王国（这个王国拥有了国王）。阿列克修斯担心十字军会来夺取他的土地，事实证明他是对的。

阿列克修斯的眼中钉是攻占了安条克的意大利人塔兰托的博希蒙德。博希蒙德在1103年控制了老底嘉，在1104年对哈兰发动了一次失败的袭击，在1107年向地拉修发起进攻并再次以失败告终。当阿列克修斯得知地拉修被围困的消息时，他继续吃完午餐，不慌不忙地行军包围了博希蒙德的军队，1108年9月，双方签署了一项宽松的和平条约。根据条约，博希蒙德可以继续享有安条克的控制权，但它必须成为拜占庭的附庸地，另外博希蒙德还需要归还其他征服的拜占庭土地。然而，这个条约并没有真正解决"安条克问题"。阿列克修斯的继任者、儿子约翰二世·科穆宁决心要将这座城市置于帝国的直接控制之下。1137年，他成功迫使普瓦捷的雷蒙德臣服并宣誓效忠。在雷蒙德对拜占庭控制的城市发动了一次失败的进攻后，约翰二世的继任者曼努埃尔一世也成功令普瓦捷的雷蒙德臣服于他并宣誓效忠。然而，安条克再也没有正式回到拜占庭帝国的直接控制之下。这座城市在1268年被马穆鲁克人占领，此时君士坦丁堡已经被十字军洗劫一空。

十字军国家此刻是西欧在中东的前哨，受到欧洲的密切监视。因此，当摩苏尔和阿勒颇的阿德贝格赞吉在1144年攻占埃德萨后，教皇犹金三世发动了第二次十字军东征。在两支十字军大军（由法国国王路易七世和德国国王康拉德三世率领）奔赴君士坦丁堡后，曼努埃尔一世不得不

▲ 曼努埃尔一世会见耶路撒冷国王阿尔马里克一世的微型画，摘自《历史》，提尔的威廉，1460年

十字军洗劫了扎拉城，也就是现在克罗地亚的扎达尔

▲ 伊萨克二世杀死了斯蒂芬·哈吉奥·克里斯托弗里特斯，由此引发的民众起义促使他在1185年被加冕为皇帝

参与其中。曼努埃尔一世对十字军的态度与他的祖父阿列克修斯一世非常相似，他将不同的军队分开独立运送，不允许他们聚集，向他们赠送大量礼物，并要求他们宣誓效忠。同他的祖父一样，曼努埃尔一世也对即将到来的十字军的意图感到不安。

第二次十字军东征惨遭滑铁卢。一条河流泛滥冲毁了康拉德三世的营地，部队遭到严重消耗，随后在多里莱乌姆被土耳其军队歼灭。路易七世将十字军的失败归咎于曼努埃尔一世，这一指控事出有因。在给国王的一封信中，曼努埃尔一世使路易七世相信他正在与土耳其人交战，但在得知十字军东征的消息后，曼努埃尔一世即刻同意与土耳其休战12年。路易七世到达君士坦丁堡后才发现这一事实。

> 更为严重的是，路易七世指控曼努埃尔一世积极帮助土耳其人对抗十字军。

更为严重的是，路易七世指控曼努埃尔一世积极帮助土耳其人对抗十字军。拜占庭长期以来都依靠包括埃德萨在内的各地军队保家卫国，因此

177

骑士堡，叙利亚的一座十字军城
堡，于1144年被赠予医院骑士团

黎凡特的巴巴罗萨

伊萨克二世采取与上一任皇帝相同的政策，允许十字军通过拜占庭领土前往耶路撒冷。作为回报，巴巴罗萨（他宣称自己是罗马皇帝，直接挑战伊萨克二世）承诺与拜占庭维持和平。然而，拜占庭承诺的补给迟迟未能兑现，德国军队不得不开始突袭和掠夺，紧张局势因此加剧。巴巴罗萨的儿子施瓦本公爵得知一支拜占庭军队驻扎在距他3英里处。虽然这支军队对他不构成威胁，但公爵还是起了疑心，决定发动进攻，将拜占庭士兵驱散。此外，道路经常被堵塞，巴巴罗萨开始怀疑伊萨克二世在故意阻碍他前进。

与此同时，巴巴罗萨从耶路撒冷女王西比拉那里收到警告说伊萨克二世正与萨拉丁密谋。虽然这一指控是虚假的，但它成了压垮骆驼的最后一根稻草。伊萨克二世违反协议令巴巴罗萨怒不可遏（反正他也不喜欢这位皇帝），他确信要到达耶路撒冷，必须先征服君士坦丁堡。然而，即将到来的冬天拖延了他的行动。第二年，濒临战争的僵局被打破。经过漫长的谈判，1190年，双方达成了一项协议，根据协议条款，德国人可以通过拜占庭领土前往耶路撒冷。然而同年，巴巴罗萨在游泳时溺水身亡，给十字军造成重大打击。施瓦本公爵继承王位后在第二年不幸去世，这时疾病肆虐、逃兵泛滥，大大削减了德军的实力。

▲ 腓特烈·巴巴罗萨在第三次十字军东征期间横渡博斯普鲁斯海峡

曼努埃尔一世的行为被视为两面派，甚至是对信仰的背叛。然而，曼努埃尔一世关心的是君士坦丁堡，而不是圣地，更不是埃德萨。回国后，路易七世准备发动一场针对君士坦丁堡的十字军东征，但没能得到足够的支持。背叛的消息传到欧洲海岸后，拜占庭受到广泛指责，西欧人认为是他们的背叛导致了十字军耻辱的失败。

曼努埃尔一世对西方舆论的威胁严阵以待——意大利方向的进攻一触即发——并着手改善拜占庭与拉丁世界的关系。曼努埃尔一世最关心的头等大事是得到圣地守护者的认可。当耶路撒冷的国王鲍德温三世要求迎娶一位拜占庭妻子时，曼努埃尔一世欣然接受。他将13岁的侄女狄奥多拉，连同珠宝、丝绸、10万枚金币，还有婚礼所需的1万枚金币送给鲍德温三世。曼努埃尔一世和鲍德温三世联姻后，鲍德温三世宣誓效忠曼努埃尔一世。1163年，鲍德温三世的弟弟阿尔马里克登基时也想迎娶一位拜占庭妻子。曼努埃尔一世送出了他的侄孙女马利亚，作为回报，阿尔马里克宣誓效忠，拜占庭对圣地的宗主国统治得到延续。

曼努埃尔一世再次被允许在圣地建造和装饰宫殿，这一权利的赋予等同于公开承认了他对圣地的监护权。曼努埃尔一世想通过远征埃及法蒂玛王朝进一步巩固这一权力，但却惨遭失败。曼努埃尔一世只能止步于此。1177年，当竞选耶路撒冷大主教的候选人出现时，他被禁止在圣墓教堂主持仪式。看来再多的讨好也无法弥合不可逾越的分裂。

曼努埃尔一世在埃及的失败为另一位将军攻占埃及铺平了道路。安·纳西尔·萨拉赫·丁·优素福·伊本·阿尤布（西方称为萨拉丁）在1171年结束了法蒂玛王朝哈里发的统治，并利用埃及的资源资助了进军叙利亚的战斗。1187

年，萨拉丁攻占了耶路撒冷。圣地的丧失在整个西方基督教世界引起了轩然大波，教皇格列高利八世为此发起了第三次十字军东征，组建了由英国的狮心王理查、法国的腓力·奥古斯都和神圣罗马帝国皇帝腓特烈·巴巴罗萨指挥的三支主力军。然而，第三次十字军东征以失败告终。狮心王理查的大军在希丁战役中战败，腓力退出，返回欧洲征服理查的法国领地，巴巴罗萨溺水而亡。

失败的第三次十字军东征对拜占庭来说意义重大，原因有二。首先，狮心王理查和腓力·奥古斯都没有前往耶路撒冷，而是奔赴埃及和大马士革。理查在塞浦路斯登陆，并于1191年从拜占庭帝国手中夺取了它。这是拜占庭第一次在十字军东征中丧失领土。其次，腓特烈·巴巴罗萨想发动针对君士坦丁堡的十字军东征，主要是出于政治原因。因此，从地理位置和反抗对象上来说，这三位国家元首改变了十字军的意识形态。这一改变的全部意义将在几年后得以显现。

第三次十字军东征未能攻占耶路撒冷，1198年，教皇因诺森特三世呼吁发动第四次十字军东征。这次的行动计划是在威尼斯集结，由一支舰队征服埃及，然后利用那里的资源供给十字军余下的征程。十字军与威尼斯总督恩里科·丹多洛达成协议，由总督帮助他们运送4500名骑兵及他们的马匹、9000名侍从和2万名步兵。超过3.5万人承诺加入十字军，但只有1.1万人来到威尼斯。威尼斯人准备了一支由500艘船只组成的舰队，但因为每个士兵都要自己支付费用，所以人数不足意味着舰队费用出现缺口。因此，双方达成了一项协议，十字军将帮助威尼斯人洗劫扎拉，以补偿无法支付的费用，他们确实将协议内容付诸了行动。但是，扎拉是一座基督教城市，因诺森特三世因此将十字军和

希丁战役后，吕西尼昂的盖伊向萨拉丁投降（1187年）

穆尔楚弗洛斯废黜了阿列克修斯四世并把他关进监狱。在两次投毒失败后，他派人勒死了阿列克修斯四世。

威尼斯人逐出了教会。与此同时，另一个人的出现将彻底改变十字军东征的进程。

1201年，一位年轻的拜占庭皇子被海浪冲上欧洲海岸。他的叔叔阿列克修斯三世篡夺了他哥哥伊萨克二世的皇位，然后将其弄瞎并关进了监狱。年轻的皇子也被叔叔监禁，但他设法逃脱了。他来到欧洲，在这里得到了包括威尼斯总督在内的许多贵族的同情。在得知十字军和威尼斯人的债务关系后，他承诺如果十字军帮他攻下君士坦丁堡，他就替十字军偿还他们对威尼斯人的债务。决定性的交易就此达成了。

尽管君士坦丁堡有着传奇的防御和兵力上的优势，但缺乏军事才能和战斗意志的阿列克修斯三世仍无法击败十字军。他携带大量财宝，抛弃妻子和亲人逃走了。拜占庭宫廷将伊萨克二世从监狱中释放，宣布他与年轻的阿列克修斯四世为共治皇帝。新皇帝掌权后，十字军提醒他们履行协议条款——将帝国置于罗马教皇控制之下，支付20万银马克，以及一年的十字军东征物资。

事实证明，复位的代价太高了。因为阿列克修斯三世逃到君士坦丁堡之外继续称帝并收取赋税，所以阿列克修斯四世只在君士坦丁堡几英里范围内得到承认，税收因此减少，国库空虚。阿列克修斯四世开始熔化教堂里的黄金来偿还债务，加上他被迫对十字军卑躬屈膝，他在君士坦丁堡非常不受欢迎。十字军和当地人冲突不断，

时间线

1071

曼齐刻尔特战役
在拜占庭帝国与塞尔柱突厥人的战斗中，罗曼努斯四世·第欧根尼皇帝被阿尔普·阿尔斯兰击败并俘虏，这标志着拜占庭对小亚细亚统治的终结。
1071 年

阿列克修斯一世成为拜占庭皇帝
作为科穆宁王朝的创立者，阿列克修斯一世在家族的帮助下从尼基弗鲁斯三世手中夺取了皇位，他请求教皇乌尔班二世派遣拉丁雇佣兵。
1081 年

教皇乌尔班二世呼吁第一次十字军东征
在加强对世俗统治的控制、推动基督徒征服耶路撒冷等一系列因素的推动下，教皇乌尔班二世发起了第一次十字军东征。
1095 年

攻占安条克
经过长达九个月的艰苦围城，十字军攻占了战略重镇安条克。
1098 年

征服耶路撒冷
在十字军东征发起4年后，他们不顾一切夺取了耶路撒冷，随之而来的是一场抢杀。
1099 年

紧张局势持续升温。当各方暗中酝酿推翻阿列克修斯四世的时候，一位竞争对手适时出现：阿列克修斯·杜卡斯·穆尔楚弗洛斯。1204年1月29日，他发起政变，废黜了阿列克修斯四世，并把他关进监狱。在两次投毒均告失败后，他派人勒死了阿列克修斯四世。这个消息对阿列克修斯四世的父亲伊萨克二世来说太沉重了，老人悲痛欲绝，随即离世。

穆尔楚弗洛斯加冕为皇帝后，十字军得到应得回报的希望彻底破灭了。冬天即将来临，海路航行变得非常危险，供给也越来越少。在绝望和贪婪的驱使下，1204年4月，十字军进攻了君士坦丁堡。他们面临的抵抗比预期的要少得多。十字军一路奸杀君士坦丁堡的市民（其中大部分是基督徒）、洗劫宫殿、烧毁房屋。威尼斯圣马可大教堂著名的青铜马（实际上是纯铜的）就是从君士坦丁堡竞技场掠夺而来的。根据各种估算，被掠夺的金额达到约90万马克。

> 皇帝阿列克修斯三世携带大量财宝，抛弃妻子和亲人逃走了。

十字军东征最初的目的是解放耶路撒冷，这一目标在1099年至1187年已经基本实现。在这段时间及以后，拜占庭人试图用他们惯用且有效的策略，即慷慨赠送礼物和要求宣誓效忠来应对十字军。但事实胜于雄辩。对于拜占庭皇帝来说，他们关心的是保护帝国不受入侵，而不是以天主教的名义夺回耶路撒冷。毕竟，十字军东征不是他们的初衷，天主教也不是他们的信仰体系。拜占庭的外交政策与十字军的意识形态相左，这种紧张关系引发了一连串事件，最终导致君士坦丁堡遭到了毁灭性洗劫。在拉丁人夺取了这座城市的控制权后，越来越多的外来人定居点在前拜占庭领土上发展起来。在蒙古人入侵之前，君士坦丁堡又幸存了两个世纪，但此时这座城市的往日荣耀已不复存在。

曼努埃尔一世成为拜占庭皇帝
曼努埃尔在四个兄弟中排行老幺，据说他父亲（约翰二世）在临终前，指定他而非他的哥哥为继承人。
1143 年

伊萨克二世成为拜占庭皇帝
伊萨克是科穆宁家族的亲戚，在一场短暂的民众起义废黜了暴君安德罗尼柯一世后，他意外被加冕为皇帝。
1185 年

萨拉丁夺回耶路撒冷
在占领埃及并将其作为行动基地后，萨拉丁通过一场伤亡较少的战役结束了拉丁人对耶路撒冷长达88年的统治。
1187 年

发起第四次十字军东征
第三次十字军东征失败后，教皇因诺森特三世发起了第四次十字军东征。
1198 年

年轻的阿列克修斯逃到欧洲
年轻的阿列克修斯越狱逃到欧洲，并说服十字军领袖帮他推翻叔叔阿列克修斯三世，从而将十字军带到了君士坦丁堡。
1201 年

洗劫君士坦丁堡
为了获得回报，十字军将这座东方基督教城市化为废墟，他们的战利品如今被收藏在欧洲的大教堂和博物馆里。
1204 年

罗马帝国的
最后一搏

600 年来，奥斯曼人一直梦想着占领彼时世界上最富有的城市
君士坦丁堡。1453 年，双方都已准备好一决胜负

经过旷日持久的战斗，奥斯曼
人于 1453 年攻占了君士坦丁堡

苏丹穆罕默德二世的军队驻扎在君士坦丁堡古城城墙附近的一个小山丘上。负责保卫君士坦丁堡——东正教中心——免受入侵者威胁的守卫，可以清楚地看到他的营地。从城墙向对面眺望，距君士坦丁堡仅230米处能看到数量惊人的帐篷。

帐篷成组排列着。每组的中心都是一个军官的临时居所，每顶帐篷顶部都插有一面挑衅的旗帜在马尔马拉的海风中飘扬。这位21岁的苏丹穆罕默德二世的金红色仪式帐篷位于营地后方，它的高贵大气刚好符合奥斯曼帝国领导人的身份。约6万名士兵和数千名保管装备和负责提供饮食的辅兵，让这座城市的居民不寒而栗。对于君士坦丁堡的领袖——拜占庭皇帝君士坦丁十一世·巴列奥略格斯——来说，敌军大举出现在他奉献一生的城市附近，其目的显而易见。战争是不可避免的，且敌军兵力是他的十倍。

穆罕默德二世意识到需要速战速决，因为供给如此庞大的军队需要大量的后勤保障力量。他向君士坦丁十一世提议，只要交出首都，就可以保住性命，并保留米斯特拉斯镇的统治权。但是君士坦丁十一世拒绝了："把这座城市交给你，

君士坦丁堡有着坚不可摧的城墙，在1000年的时间里，它被围困了23次，仅有一次被攻破。

▲ 1453年的君士坦丁堡是一座享有盛誉的城市，但它已经没有了往日的辉煌

这超出了我的权限，也超出了这里所有居民的权限，因为我们大家做出了一致决定，要为自由意志血战到死，绝不吝啬生命。"

1453年4月6日，奥斯曼人用轻型火炮向君士坦丁堡发起了第一次进攻。奥斯曼士兵向前推进，试图突破城墙，但守军非常强大。他们击退了入侵的奥斯曼军队，令敌人伤亡惨重。穆罕默德二世意识到即使城墙出现裂缝，博斯普鲁斯岛上的堡垒被攻陷，要攻破君士坦丁堡也并非易事。他需要更强大的火力，一件能像地震一样撼动君士坦丁堡的武器。

几百年来，君士坦丁堡的主要威胁一直来自天主教会的中心——罗马。

君士坦丁十一世明白这座城市的重要性。它是通往欧洲的门户，是一座在长达1000年的时间里被围攻了23次，却仅有一次被攻破的坚不可摧的城市。它唯一的一次失守是在1203年第四次十字军东征时落入了基督教骑士之手。至关重要的是，君士坦丁堡——对东罗马帝国或后来被称为拜占庭的帝国非常重要——是贸易中心，也是当时世界上最大、最富有的城市。但即便君士坦丁堡在奥斯曼帝国的包围下岿然不动，却也处于欧亚之间孤立无援。

1. 鲁梅利堡垒（欧洲堡垒）
1451年冬天：穆罕默德二世下令建造一座城墙厚7.6米的宏伟城堡。这座城堡被命名为"割喉堡"，位于博斯普鲁斯海峡最窄处。土耳其人用它切断了君士坦丁堡的外来供给。

2. 巨型铁链
1453年4月2日：当奥斯曼军队在君士坦丁堡城门前扎营时，君士坦丁十一世下令将有着数百年历史的巨型铁链悬挂在君士坦丁堡金角湾河口上，它有效阻止了敌舰进入海湾。

3. 敌军营地
1453年4月2日：奥斯曼军队和一支欧洲军队一起在君士坦丁堡城墙外扎营，欧洲军队驻扎在护城河北部，禁卫军在中间保护穆罕默德二世，安纳托利亚军队驻扎在更远的地方。

4. 狄奥多西城墙
1453年4月6日至5月29日：这段6.5千米长的内陆城墙成为向前挺进的敌人的主要目标。奥斯曼人多次尝试炮轰，终于在1453年5月29日成功突破。

5. 护城河
护城河修建于5世纪，是入侵敌军和城墙之间的另一道屏障，宽约20米，深约7米。奥斯曼人竭力想用圆木填满它，以便制造出一条安全便捷的通道。

6. 绕过巨链
1453年4月22日：铁链封锁了通往金角湾的通道，穆罕默德二世下令从陆路运送船只。夜深人静时，船只用圆木滚轮拉过难行的地面，重新投入水中。

城市防御是如何被攻破的

攻城武器的进化

破城槌

首次使用：未知

优点：自古以来，破城槌便在战争中不可或缺，几个世纪以来，在摧毁防御工事方面非常有效。起初，破城槌只是简单的笨重圆木，摆动机械装置后来才开始发挥作用。

缺点：尽管破城槌在撞击石头和砖块方面表现出色，但对较厚的墙壁几乎毫无用处。此外，士兵们必须近距离使用才能造成伤害。火药和大炮取代了这种笨拙的攻城方法。

攻城塔

首次使用：公元前 11 世纪

优点：可移动的攻城塔使士兵能够爬上敌军城墙的墙头，因其和城墙等高或更高。后来，攻城塔的底部被遮盖，以便进行隐蔽工作，如填充护城河。

缺点：攻城塔是木质的，很容易倒塌。在君士坦丁堡，拜占庭守军用在海战中经常使用的希腊火点燃了攻城塔。

大炮

首次使用：12 世纪

优点：大炮对最坚固的防御工事也非常有效，正如摧毁君士坦丁堡城墙的巨型炮那样。炮火在第一次世界大战中被大量使用，并以现代形式延续至今。

缺点：需要重新装填并确保正确瞄准，使用流程比较烦琐。在君士坦丁堡，装填超级大炮需要大约三个小时，这一手动过程非常辛苦。

弹射器

首次使用：公元前 4 世纪

优势：弹射器能够使炮弹越过坚固的城墙发射到城市或城堡里，将死亡和恐惧打入人们的内心。弹射器也可以用来发射大石块击碎城墙。

缺点：当防御工事比较强时，弹射器的效果会被中和。无论使用哪种类型的弹射器——有些是张力驱动的，有些是勺子状的——移动和定位都很麻烦。

▲ 穆罕默德二世向他的手下许诺，占领城市后他们可以随意劫掠

君士坦丁堡是各路军事力量争夺的焦点，各国都想征服曾经称霸一方的罗马帝国的最后一个前哨。数百年来，君士坦丁堡作为东正教中心的主要威胁一直来自天主教中心罗马。由于第四次十字军东征摧毁了君士坦丁堡的权力和财富，截至1453年，拜占庭已经国力衰败，不复往日辉煌。此时的拜占庭帝国——其鼎盛时期拥有地中海沿岸的大部分土地——仅包含君士坦丁堡及其外围的几平方英里土地。虽然拜占庭帝国已经走向衰亡，但它的地理位置和历史意义仍使它令人向往。穆罕默德二世非常想将它占为己有。

穆罕默德二世决心要在前任苏丹失利的地方夺取胜利。他得以掌权是因为他父亲穆拉特与意图入侵的基督教十字军达成了10年的休战协议。穆罕默德二世渴望成为罗马帝国的继承人，以扩大自己的影响力。他希望世界上只有一个信仰、一个帝国和一个主权。1453年，时机成熟了。为了避免奥斯曼帝国的入侵，君士坦丁堡一直向其支付巨额贡赋，但结果却令自己的财政出现问题。君士坦丁十一世统治时期，君士坦丁堡已经今非昔比，这座拥有10万人口的城市已经破产。此刻敌人正驻扎在君士坦丁堡门外，准备发动地狱般的袭击。49岁的君士坦丁十一世知道防御成功的可能性很小，但他发誓要战斗到底。

君士坦丁十一世知道无法再拖延奥斯曼军队的进攻了，他向教皇提出交涉，需要西方援军帮助应对威胁。1452年年底，两大教会为联合行动举行了庆祝活动。尽管西方教会承诺会派出战舰，但在接下来的几个月里，没有任何战舰抵达君士坦丁堡，拜占庭人也没有得到任何帮助。君士坦丁十一世加快了修复和加固城墙（长19千米，大部分面向大海）的进度。此外，他还命人在城市北面的金角湾河口放置了一条巨型铁链，

以阻断敌船从主要入口金角湾进入君士坦丁堡，这是城市防御的重要组成部分。君士坦丁十一世的战略是把防御重点放在6.5千米长的内陆城墙上，但他对精明的敌人即将揭幕的最新武器一无所知。

穆罕默德二世乐于发现新事物，因此他被制造一门巨型大炮的建议所吸引。据他推测，这将是摧毁君士坦丁堡著名城墙的完美选择。

早在约11世纪，火药就已经出现——它曾出现在中国宋朝的文本《武经综要》中——所以它的威力并非未知。不过，奥斯曼人的新武器有所不同。这是由一位名叫奥尔班的工程师设计的。奥尔班从匈牙利王国来到君士坦丁堡后，君士坦丁十一世聘请他研发新武器。然而，由于得不到定期的酬劳，他不得已开始为穆罕默德二世工作。他向苏丹许诺，可以制造出一种大到可以发射巨石的武器，用以摧毁君士坦丁堡的城墙。

奥尔班得到了用以制造超级大炮的大量资金和材料。三个月后，他造出了长8.2米、能够将272千克重的石球投掷出1.6千米远的巨型武器。石球击中君士坦丁堡城墙造成的巨大冲击波导致部分城墙倒塌，在城市防御工事上留下了巨大的漏洞。君士坦丁堡的士兵在猛攻中奋力抵抗，在敌方重新装填大炮的三个小时里，他们得以喘息——他们用泥土和其他材料修复城墙，还在墙上盖上兽皮，以便和泥土一起缓冲随后对该区域的打击。

每当石球撞到城墙，墙壁就会发出噪声和不可思议的震动，这给人们的心理和身体造成了同等程度的伤害。轰击持续了数日后，君士坦丁十一世终于得到了乔瓦尼·朱斯蒂尼亚尼和他来自希俄斯岛的700名士兵的帮助。朱斯蒂尼亚尼在城墙修复方面发挥了重要作用，使得君士坦丁

穆罕默德二世多年来一直在
计划进攻君士坦丁堡

堡在猛攻中仍旧岿然不动。截至此时，战斗已经持续了12天。

穆罕默德二世军队的主要目标之一是用圆木铺满城墙周围的护城河，以便迅速渡河发起进攻，但君士坦丁十一世的部下在晚上将圆木全部清空。即便如此，奥斯曼人已经给对方造成了足够大的损失，自己也有了足够的休整时间。4月18日，穆罕默德二世对君士坦丁堡发起了第二次进攻，但是再次被击退。

奥斯曼人制订的最有效的战前计划之一是在靠近君士坦丁堡的欧洲一侧建造一座大型城堡。围城前城堡仅用了四个月便及时完工，奥斯曼人把它命名为"Bogaz Kesen"，译为"割喉堡"。它被用于控制博斯普鲁斯海峡的海上交通。奥斯曼人用岸边的巨型大炮轰击试图驶过的挑衅船只，从而切断了外界对君士坦丁堡的补给。君士坦丁堡此刻处于危险的孤立状态。

但君士坦丁十一世也为此战做好了准备。守军在金角湾河口上放置了一条巨型铁链，通过封锁通往水路的通道，阻止这个方向的进攻。事实证明，守军抵挡住了奥斯曼人的海上袭击，在近距离的舰对舰战斗中，拜占庭人赢得了胜利。封锁金角湾意味着他们可以集中精力保卫城墙的陆路区域。

穆罕默德二世的应对办法极为巧妙。他决定把船只从陆路拖到被铁链封锁的水域。船只被放到预先铺好的涂有动物脂肪的滚轮上，由士兵和牛拉动。数十艘船就这样在夜间被拖行过来。守军们震惊不已，手足无措。这些船只现在可以向金角湾一侧守卫森严的城墙开火。几小时内，炮轰就造成了巨大的破坏，当守军设法从一艘沉船中逃脱时，穆罕默德二世表现出了他冷酷无情的一面，他下令杀无赦。

这场危险的猫捉老鼠游戏仍在继续。穆罕默德二世命令奥斯曼人在城市地下挖掘暗道。5月16日，拜占庭士兵听到地下活动的声音，前去调查。挖掘行动令他们高度警惕，他们尝试侦破敌方进一步的企图。君士坦丁堡的苏格兰人约翰·格兰特建议在城墙周围放置几桶水，水面上的涟漪会提醒他们潜在的挖掘活动。这个方法十分有效。

进攻虽然被击退，但守军已经疲惫不堪，他们的城墙也一片狼藉。5月27日，穆罕默德二世决定倾巢而出进攻君士坦丁堡。奥斯曼军队对城墙展开了无情轰炸，对它造成了严重破坏。他们的攻势迅速而又猛烈，守军几乎没有时间修补城墙。穆罕默德二世命令士兵做好继续向前冲锋的准备并下令不得损毁城市结构——他希望君士坦丁堡尽可能保持完好以用作他的首都。不过，他允许士兵抢劫和奴役市民。在他做出这个承诺后，5月28日，军队开始为进攻做准备、演练战术、祈祷和休息。

君士坦丁十一世也为守城做好了准备，他鼓励士兵们战斗到最后一人，并发誓誓死保卫君士坦丁堡。此时守城的驻军只剩4000人，只有围攻开始时的一半。5月29日，经过47天的围城，入侵者冲上城墙。守军推开梯子，向入侵者泼倒热油，两波进攻被击退。

但是穆罕默德二世的禁卫军（在孩提时代就被奥斯曼人挑选出来训练成战士）突破了防守，他们的精英训练使得他们在数小时的激战后终于攻破了城墙。在城市狭窄的街道上，双方展开了肉搏战。守军知道这座城市很快就会被攻占，尖叫声响彻夜空。奥斯曼帝国的士兵拥入君士坦丁堡，这座城市被彻底击垮。

奥斯曼人打开了圣索菲亚大教堂巨大的青铜

历史名城遭到洗劫

君士坦丁堡

奥斯曼军队最终突破坚固的城墙和防御工事，攻入了君士坦丁堡。在震耳欲聋的喧闹声中，他们残杀了成百上千名男子，俘虏了妇女和儿童，并在城市里劫掠，以换取苏丹承诺的财富。

破坏比例

被毁的主要地标或建筑

估计死亡人数

4000

主要武器

大炮

1453 年 5 月 29 日

安特卫普

西班牙宣布破产后，西班牙步兵方阵因得不到酬劳而怒火中烧，他们冲进安特卫普大肆掠夺。在三天的时间里，他们盗走了大量物品，然后将城市付之一炬，彻底摧毁了最富有的区域。

破坏比例

被毁的主要地标或建筑

估计死亡人数

8000

主要武器

火

1576 年 11 月 4 日

罗马

神圣罗马帝国皇帝查理五世的军队因为没有得到酬劳而怒不可遏。最后，超过 34000 人叛变前往罗马。教堂和修道院遭到抢劫和破坏。神父、修道士和修女在叛乱中被屠杀。

破坏比例

被毁的主要地标或建筑

壁画和雕像

估计死亡人数

12000

主要武器

剑

1527 年 5 月 6 日

巴格达

大约 15 万蒙古人抵达巴格达。2 月 13 日，蒙古人攻入巴格达

破坏比例

被毁的主要地标或建筑

估计死亡人数

100万

主要武器

刀

1258 年 2 月 13 日

门，屠杀了大量信徒，这座城市的末日降临了。君士坦丁十一世撕下衣服上的皇家装饰，看起来就像一个普通士兵，他说："城市已经沦陷，而我还活着。"说完便冲向死亡。入侵者把没有被屠杀的敌人捆绑起来，搜捕妇女，并争夺其中最迷人的，孩子们被迫成为奴隶，城市里所剩无几的东西也被洗劫一空。在经历了1000多年的辉煌后，罗马帝国的最后一个前哨不复存在。

一位苏格兰人建议在城墙周围放置几桶水，以提示潜在的挖掘行动。

▲ 一旦城墙被攻破，失守就只是时间问题

接下来发生了什么？

　　尽管基督徒在君士坦丁堡陷落后试图将其夺回，但这一行动在16世纪以失败告终。许多拜占庭学者离开拜占庭，在欧洲传播教义和文化，而君士坦丁堡则变成了一座伊斯兰教城市。

　　君士坦丁堡——更名为伊斯坦布尔——吸引了大批穆斯林、犹太教徒和基督徒，他们在这座穆罕默德二世在结构和文化上重建的城市里和谐共处。随着奥斯曼帝国的衰落，20世纪改变了这座城市的命运。第一次世界大战中，伊斯坦布尔被英国、法国和意大利占领，战争结束后，土耳其共和国于1923年成立。

拜占庭人为我们留下了什么？

拜占庭的遗产——从文艺复兴到宗教、语言、法律和叉子

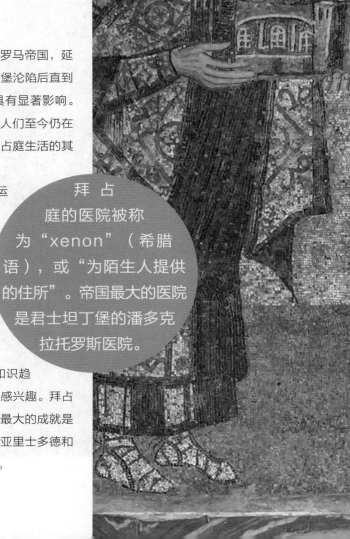

拜占庭帝国，也就是拜占庭人自称的罗马帝国，延续了1000多年。1453年君士坦丁堡沦陷后直到近现代，它的成就和持久遗产仍对当代世界具有显著影响。事实上，使拜占庭文明得以延续的不仅是那些人们至今仍在使用的发明，还包括诸如符号和艺术风格等拜占庭生活的其他方面。

拜占庭人对人类历史上最伟大的思想运动之一文艺复兴——从中世纪向现代的过渡——做出了巨大贡献。在君士坦丁堡被奥斯曼人攻陷前的最后几年，许多拜占庭人为了躲避可预见的浩劫，逃到西方。这些流亡者中有一些人接受过良好教育，熟练掌握希腊语知识，并愿意将它传播到西方世界。意大利人对此欣然接受。

事实上，西方对这些学者带来的希腊语知识趋之若鹜，因为西方学者们对古希腊文本越来越感兴趣。拜占庭移民开始在大学和私塾里教学。然而，他们最大的成就是将许多古希腊文本翻译成拉丁语，使柏拉图、亚里士多德和很多其他古希腊学者的作品可以被更多人理解。

> 拜占庭的医院被称为"xenon"（希腊语），或"为陌生人提供的住所"。帝国最大的医院是君士坦丁堡的潘多克拉托罗斯医院。

圣母与圣子，圣索菲亚大教堂

现代人可能会认为拜占庭是黑暗、落后甚至腐败的。但这种评价与事实相去甚远。拜占庭人创造了许多在今天看来很平常的东西。其中最重要的进步是创立医院，没有这一步就没有今天的医疗健康保障。第一家现代意义上的医院是约372年至379年由凯撒里亚的巴西尔在卡帕多西亚地区建造的。在此之前，类似医院的机构只接收病人，但并不尝试治愈病人。相反，人们基本上都是在死前去医院接受早期形式的临终关怀。相比之下，巴西尔的机构——一所麻风病医院——有医生且旨在治愈病人，而不仅仅是为他们提供庇护。

在卡帕多西亚创新模式实行后不久，帝国各地开始通过私人捐赠或教会及其慈善机构建立医院。在接下来的几个世纪里，拜占庭人逐步发展了医院的理念。最著名的拜占庭医院位于潘多克拉托罗斯修道院，这是世界上最早的慈善机构之一。在这家医院，医疗记录由临床医生负责保管，对病人的检查和治疗情况的监督由两名医生共同负责。此外，资深医生会倾听病人的投诉。总的来说，拜占庭医院为病人提供了人性化的环境，这在当时是空前的，同时它还帮助塑造了对医疗保健服务的现代理解。

拜占庭医学的另一个突破是10世纪在君士坦丁堡实施的连体双胞胎分离术。这个故事在那个时期的许多编年史中都有转载。当连体双胞胎中的一个不幸夭折后，君士坦丁堡的外科医生尝试将其尸体剥离。手术在一定程度上是成功的，因为双胞胎中的另一个没有立即死亡而是存活了三天。尽管如此，历史学家仍将其视为接下来两个世纪里的巨大成就。这一医学突破直到七个世纪后才在现代医疗环境中被德国复制。

拜占庭人的一个显著特征是他们不愿意发动战争。但鉴于他们与阿拉伯人和其他敌人曾多次开战，这种说法听起来有点奇怪。这些战争通常并不仅仅是为了荣耀。著名历史学家史蒂文·朗西曼爵士注意到，"我们粗鄙的十字军先辈第一次来到君士坦丁堡，接触到这个令他们感到轻蔑和厌恶的人人都读书写作、用叉子吃饭、更喜欢外交而非战争的社会时，对拜占庭人不屑一顾，把他们的名字当作堕落的代名词，便成了一种时尚"。对西方人来说，拜占庭人不是好战的民族的想法根深蒂固。然而，他们尽管不愿意发动战争，却发明了凶猛的武器来抗击外敌入侵。其中最著名的是希腊火，一种类似凝固汽油弹的燃烧弹。希腊火的确切成分对历史学家来说至今仍是未解之谜。起初，拜占庭人用虹吸装置将这种可怕的武器射出，后来，他们发现也可以把它放在容器里投掷出去，可以说第一枚手榴弹就是这样发明的。仅仅几个世纪后，其他帝国便纷纷开始使用自己的希腊火，但据说他们的希腊火并没有拜占庭的那么有杀伤力。

现代法律起源于东罗马帝国，这在很大程度上得益于一部法律作品集，即《民法大全》（《查士丁尼法典》）。528年，查士丁尼下令编纂一部法典，以缩短诉讼时间，降低现有法律文本的复杂性。这部法典作为国家的司法保障，是查士丁尼名下"唯一一部权威的重新汇编法典"，因此它确保了他的绝对权威和永恒遗产。这部法典的影响力确实是永恒的，因为它为现代欧洲法律体系奠定了基础。

大多数西欧国家都大量借鉴了《民法大

> 查士丁尼的《民法大全》通过将所有裁决整合在一部法典里而简化了法律。排除在外的所有法令均被视为无效。

▲ 阿索斯山的圣狄奥尼修斯修道院

全》的内容，通过重新修订和改编适应现代的司法标准。《民法大全》于11世纪末传播到意大利，并被用作欧洲第一所大学博洛尼亚大学的教材。16世纪，分为上下两卷的《查士丁尼法典》在巴黎出版，为现代史上最重要的法律改革之一——法国大革命后不久1804年制定的《拿破仑法典》——奠定了基础。

在19世纪和20世纪，《查士丁尼法典》被翻译成多种欧洲语言，如英语、法语、德语、意大利语和西班牙语，被大多数欧洲国家视为创建道德和平等社会、改善君主和臣民之间关系的途径，其权威和影响力毋庸置疑。

然而，拜占庭的遗产和影响远不止医学、军事发明和学术成就。拜占庭的标志也被其他帝国、现代国家甚至体育俱乐部所采用。著名的双头鹰就是一个典型的例子。这一标志被拜占庭使用后，便成为哈布斯堡君主皇权的象征。许多巴尔干半岛国家的国旗上都印有双头鹰，如阿尔巴尼亚和塞尔维亚。2004年，黑山更改国旗时，也在国旗上增加了这个之前用作国徽的标志。同样，拜占庭帝国覆灭后，俄国为了在争夺继承权时更具竞争力，也采用了这一标志。希腊东正教也采用了这一标志。所有这一切都证明了拜占庭的象征意义有多么强大，尤其是当它符合现代政治目的和需求时。

君士坦丁堡沦陷后，许多帝国和机构都发起继承要求并为自己正名。19世纪，巴尔干半岛国家在为独立而战时，他们的中世纪背景被凸显。保加利亚的西米恩一世渴望彰显拜占庭时代的浮华和魅力，因此他使用了"保加利亚沙皇和罗马皇帝"的头衔。塞尔维亚帝国的第一任国王斯特凡·杜桑使用了"塞尔维亚、希腊和保加利亚皇帝"的头衔。事实上，杜桑对这个头衔非常痴迷，以至于在他的法典中，他声称自己是东罗

▲ 君士坦丁·摩诺马赫的皇冠

马第一位皇帝君士坦丁大帝的直系后裔。

在西方，拜占庭的显著影响还包括哈布斯堡王朝所采用的拜占庭礼仪。镶有绿色和蓝色宝石的神圣罗马帝国皇冠，是按照拜占庭帝国礼仪制作和使用的。从11世纪晚期直到1806年帝国解体，神圣罗马帝国皇帝一直使用这顶皇冠。皇帝的画像也从侧面像变成了正面肖像，以模仿拜占庭的艺术风格。此外，在福音书中，西方皇帝也跪在了耶稣、圣母玛利亚和其他基督教人物面前。在《亨利三世的黄金福音书》中，亨利三世和他的妻子阿涅丝以施派尔大教堂为背景接受了圣母玛利亚的祝福。

通过与拜占庭公主的联姻，西方王国与拜占庭文化和传统有了更密切的交流。与此同时，它也证实了两个相邻世界存在巨大的文化差距。神圣罗马帝国的皇帝奥托一世为了促成一项条约的签署，曾要求一位拜占庭公主嫁给他的儿子奥托二世。972年，拜占庭皇帝约翰·吉米斯基同意将他的侄女塞奥发诺嫁给奥托，这被认为是西方世界在外交上的一次巨大成功。在他们的心目中，拜占庭是文明和威望的基石。因此，塞奥发诺的到来给西方带来了无上荣光——她由最杰出的队伍护送，并从君士坦丁堡带来了无价的宝藏。

有趣的是，塞奥发诺把叉子传入了神圣罗马帝国。德国人对她进食时使用的餐具非常好奇。正如当代编年史记载的那样，当她"用金色的双尖齿将食物送到嘴里"时，当地人感到震惊，因为德国人传统的进食方式是使用匕首和手。

除了她独特的进食方式外，塞奥发诺也有西欧人不喜欢的其他习惯。这位拜占庭公主每天都要洗澡，穿着丝绸，佩戴奢华的珠宝，还有她过于健谈——一种日耳曼人不赞同的行为。她的儿子奥托三世因受母亲影响而热爱希腊和罗马文化。在他短暂的生命即将结束时，他开始鄙视他

的德国臣民，认为他们不文明、不值一提。奥托三世表现出对拜占庭礼仪的极度热爱和尊重，并将它应用于自己的宫廷生活。与此同时，他想与一位拜占庭公主结婚，并要求意大利南部的希腊僧侣在德国建造修道院。

通过进口的圣像、象牙、珠宝和其他艺术品，拜占庭在西方的影响力逐渐增强。此外，一位名叫狄奥斐卢斯的拜占庭僧侣所写的一篇关于黄金加工艺术的论文帮助德国金匠提高了自身的技术。教皇约翰十六世在身为希腊修道院院长时，为奥托三世翻译了凯尔苏斯的医学专著，

▲ 神圣罗马帝国皇帝的皇冠

▲ 曼努埃尔·赫里索洛拉斯的肖像，他在中世纪将希腊文本引入西欧方面发挥了重要作用

促进了神圣罗马帝国医学的发展。奥托三世死后，拜占庭文化在德意志宫廷中依然有着重要影响力。

在东欧，拜占庭最大的影响之一就是向斯拉夫人传播了东正教。864年，东正教传入了巴尔干半岛的保加利亚，塞尔维亚人紧随其后皈依东正教。他们都遵循从君士坦丁堡发展而来的拜占庭仪式。拜占庭仪式不仅对礼拜的庆祝方式做出规定，还对教堂建筑、法衣、圣像、斋戒及虔诚的东正教徒教堂生活的诸多方面做出了规定。东

德国人对塞奥发诺使用叉子进食感到震惊——他们传统的进食方式是使用匕首和手。

ΙΡΟΟΟΚΔΔΦΕΤΡ ΠΡΟΟΛΟϢΠΥΡΙ

ΤΟΗ ΤϢΝΕΗΔΗ ΤΓΘΛΟΝ

▲ 几个世纪以来，希腊火（现代喷火器的前身）的配方一直是一个严格保守的秘密

正教的斋戒比罗马天主教严格。

　　东正教国家还采用了拜占庭式的修道制度，该制度与西方制度的主要区别是没有宗教品级，主要基于神秘主义。此外，东方修道院有自己的一套规则。今天，阿索斯山是希腊的一个自治修道院区，是拜占庭修道制度的延续。那里接待游客，允许他们体验和参与僧侣的日常生活。然而，女性在阿索斯山是严格禁止进入的。她们只能乘船欣赏修道院的美景。对于东正教世界来说，阿索斯社区被称为圣山，是世界上最重要和最虔诚的修道院中心之一。

　　一个在大多数当代东正教教堂都可以看到的拜占庭发明是圣障。东罗马帝国发明了用来描绘神圣人物的圣像，圣障则是装饰有圣像的隔墙，它的存在是为了将圣所与中殿分隔开。圣像通常由木头使用蛋彩画或蜡画技术制成。还有由金属和象牙制成的圣像，用宝石装饰以突出所描绘人物的特征。参观东正教教堂的游客有机

今天大约有4亿人信仰东正教。东正教的名字来自希腊语的"正统的（orthós）信仰（dóxa）"。

哈拉尔·哈德拉达

一位挪威国王在拜占庭军事集团中的冒险生活

拜占庭对外国人敞开大门，只要他们有能力，就允许他们提升社会地位。1046年至1066年在位的挪威国王哈拉尔·哈德拉达就是一个例证。在登上王位之前，他曾是拜占庭帝国瓦兰吉卫队——主要由英格兰人和斯堪的纳维亚人组成的一个军事单位——的军事指挥官。

1030年，哈德拉达在夺取挪威王位失败后，被流放到基辅，他对荣誉的渴望驱使他带领500名忠诚的士兵来到了君士坦丁堡。根据编年史记载，他被拜占庭皇帝派去远征小亚细亚，并成功占领了80个阿拉伯据点。之后，他被派往意大利，在那里解放了许多城市，但是由于诺曼人和伦巴第人的起义，他未能成功完成任务。

哈德拉达被召回君士坦丁堡后，新皇帝将他囚禁，但他成功越狱逃脱。由于政局紧张，他逃离了君士坦丁堡。1046年，他回到祖国，成为国王。他曾两次试图夺取丹麦和英国的王位，但均以失败告终。在1066年远征英国期间，他低估了英军的实力，导致他和他的士兵在斯坦福桥战役中被歼灭。根据编年史的记载，这个维京人英勇无畏，杀敌无数，最后喉咙中箭而死。哈德拉达的冒险生活，连同维京时代，注定要在约克郡终结。

▲ 柯克沃尔大教堂里的哈拉尔·哈德拉达像

西里尔字母表至今仍被大多数斯拉夫国家，如俄罗斯所使用。它是欧盟的第三种官方文字。

会一睹拜占庭教堂的风采，凭借想象力，他们可以体验神秘而又迷人的东罗马帝国世界。

除了宗教，拜占庭帝国日常生活中的另一个方面也颇具影响力——文字。863年，两名来自塞萨洛尼基的拜占庭传教士西里尔和美多迪乌斯被皇帝米哈伊尔三世和大牧首佛提乌派往早期斯拉夫国家大摩拉维亚，在那里传播基督教，目的是将其转变为基督教国家，成为拜占庭的卫星国。为了增加成功的机会，两兄弟发明了第一个斯拉夫字母表——格拉哥里字母表，并翻译了《旧约》等著作。新的字母表有41个字母匹配斯拉夫语的发音。其中24个字母来自希腊语，其余的字母来自基督教礼拜仪式中使用的其他语言，如科普特语和亚美尼亚语。格拉哥里字母表在发明后不久便停止使用，被西里尔字母表取代。西里尔字母表是由这两位传教士的第一批门徒创建的，至今仍在大多数斯拉夫国家使用，如俄罗斯。最近它还成为欧盟继拉丁语和希腊语之后的第三种官方文字。这对拜占庭兄弟无意中在促进欧洲语言多样性方面发挥了重要作用。由于西里尔和美多迪乌斯对斯拉夫人所做的贡献，他们被封为圣徒，至今仍受到巴尔干半岛各地的祝福，有些国家甚至为纪念他们设立了公共假日。

拜占庭帝国在11个世纪的时间里传播了希腊和罗马的文化、艺术和传统。君士坦丁堡沦陷后，因对意大利文艺复兴的贡献及许多发明和创新，拜占庭的影响力持续发挥着作用。通过在生活中使用的起源于拜占庭的日常小物，以及其他深受东罗马帝国影响的诸如法律等领域，拜占庭帝国的历史和曾经辉煌将永远被我们铭记。

▲ 14世纪的拜占庭天使报喜像

图片所属